Veröffentlichung
des Deutschen Verbandes für psychische Hygiene

Die Deutschen Hilfsvereine für Geisteskranke, ihre Entstehung und ihr gegenwärtiger Stand

Im Auftrag des Verbandes Deutscher Hilfsvereine
für Geisteskranke

herausgegeben vom Vorstand

C. Ackermann
Dresden

M. Fischer
Berlin

J. Herting
Düsseldorf

H. Roemer
Illenau

Berlin und Leipzig 1930

Walter de Gruyter & Co.

vormals G. J. Göschen'sche Verlagshandlung — J. Guttentag, Verlagsbuchhandlung
Georg Reimer — Karl J. Trübner — Veit & Comp.

Druck von Walter de Gruyter & Co., Berlin W 10

Vorwort

Die vorliegende Veröffentlichung ist vom Verband Deutscher Hilfsvereine für Geisteskranke anläßlich des bevorstehenden Ersten Internationalen Kongresses für psychische Hygiene vorbereitet und vom Deutschen Verband für psychische Hygiene durch Übernahme des größten Teiles der Kosten der Drucklegung ermöglicht worden.

Der Verband Deutscher Hilfsvereine verfolgt dabei eine doppelte Absicht: Einmal möchte er den Sinn für die weit zurückreichende Vorgeschichte unserer Hilfsvereine und für die historischen Vorläufer und Vorbedingungen der heutigen Geisteskrankenfürsorge fördern; weiterhin will er die Verwirklichung des Hilfsvereinsgedankens für die Gebiete des Deutschen Reiches, die eine solche Einrichtung der freien Liebestätigkeit bisher nicht besitzen, sowie den zeitgemäßen Ausbau der Tätigkeit bei den vorhandenen Hilfsvereinen anregen.

Über die Gliederung des Stoffes sei kurz folgendes bemerkt: Zur Einführung in die Vorgeschichte der Hilfsvereine hat *Herting* die geschichtliche Entwicklung bis 1870 und *M. Fischer* die Zeit von 1870 bis zur Gegenwart übersichtlich geschildert. In einem weiteren Beitrag berichtet *Herting* über die Hilfskassen und Unterstützungsfonds für Geisteskranke, aus denen die Hilfsvereine vielfach hervorgegangen sind. Die Berichte der einzelnen Hilfsvereine, deren Reihenfolge nach der Zeit ihrer Gründung geordnet ist, geben einen Überblick über ihre Entstehung und über den Stand ihrer gegenwärtigen Tätigkeit. Die beigegebenen Bildnisse ihrer Gründer sollen die Erinnerung an die Vorkämpfer des Hilfsvereinsgedankens in Deutschland wachhalten. Über die regelmäßigen Besprechungen der Vertreter der Hilfsvereine und der offenen Fürsorge sowie über den Verband Deutscher Hilfsvereine für Geisteskranke berichtet ein Beitrag *Ackermanns*, dem ein zusammenfassendes Schlußwort *Roemers* folgt. Im Anhang ist die Satzung des Verbandes Deutscher Hilfsvereine abgedruckt.

Bei der Fertigstellung des Berichtes wurden die Herausgeber durch die selbstlose Mitarbeit der Herren *Thoma*-Illenau, *Schulte*-Niedermarsberg, *K. Zinn*-Eberswalde, *Schmeel*-Heppenheim, *Seemann*-Leubus, *Bresler*-Kreuzburg, *Klüber*-Klingenmünster, *Büchner*-Hildburghausen, *Camerer*-Winnental-Stuttgart, *Wehrmann*-Arnsdorf, *Klinker*-Schleswig und *Ennen*-Merzig unterstützt; für die Abfassung der Berichte und die Beschaffung der Bilder sei ihnen auch an dieser Stelle herzlich gedankt. Ferner gebührt dem Deutschen Verband für psychische Hygiene für die großzügige Bestreitung der hauptsächlichen Kosten der Drucklegung der aufrichtige Dank der Hilfsvereine.

Möge der Bericht die Kunde von den Leistungen der freien Liebestätigkeit auf dem Gebiete der Geisteskrankenfürsorge im In- und Ausland verbreiten; möge er vor allem neue Kräfte zur Fortsetzung der überlieferten gemeinnützigen Bestrebungen werben, die Fürsorge für die Kranken und die vorbeugende Aufklärung der Gesunden fördern und damit zur Pflege der geistigen Gesundheit unseres Volkes beitragen!

Im April 1930. **Die Herausgeber.**

Inhaltsverzeichnis

Zur Geschichte der deutschen Hilfsvereine für Geisteskranke bis 1870.

Von

Sanitätsrat Dr. **Herting**, Düsseldorf-Grafenberg.

Wenn man das Thema nicht ganz eng fassen will, so wird man berechtigt sein, nicht nur über Hilfsvereine selbst zu berichten, sondern auch über die Entwicklungsstufen, die diese Fürsorgeart, bevor sie ihre letzte Form erreichte, durchmachen mußte. Man wird auch außerdeutsche Bestrebungen kurz berühren dürfen, um eine möglichst geschlossene Entwicklungsreihe zu bekommen.

So wird man als allererste überhaupt die Bildung einer Gesellschaft in Florenz zu nennen haben: Assistenza e custodia dei dementi, die am 3. Februar 1643 erfolgt sein soll; näheres über Ziele und Erfolge dieser Vereinigung ist nicht bekannt. (*Lähr*, Gedenktage der Psychiatrie.)

Die nächste Gründung im fürsorglichen Sinne unserer Hilfsvereine scheint eine deutsche zu sein: Dr. *Horn*, der Direktor der medizinischen Klinik an der Charité in Berlin, errichtete »für die dort befindliche Irrenanstalt im Jahre 1811 eine eigene Unterstützungskasse, die ihre Einnahmen erhielt u. a. durch Sammlungen von Geldbeträgen bei seinen Zuhörern und anderen Freunden und Wohltätern der Anstalt, welche jährlich einige Male erneuert wurden.« Die Erträge der Kasse wurden verwendet außer für Heilmittel und zur Belustigung und Unterhaltung und zum Komfort der Kranken, auch »zu Unterstützungen an arme Kranke«. Eine noch erhaltene Aufstellung nennt als Ausgabe für den letzten Zweck 92 Tlr., als Ausgabe überhaupt 1331 Tlr. (*Horn*, Öffentliche Rechenschaft usw., Berlin 1818, S. 246.)

Die zeitlich nächste Gründung und zwar eine im engsten Sinne unseres Themas ist »der Verein zur Beaufsichtigung und Unterstützung der aus dem Korrektions-, Zucht- und Irrenhause entlassenen Individuen im Herzogtum Nassau«. Der Verein wurde im Jahre 1829 von *Lindpaitner*, dem nichtärztlichen Direktor des Korrektionshauses Eberbach, wo damals die Sträflinge mit den

Irren unter einem Dache lebten, gegründet. Der Verein hatte ursprünglich nur den Schutz der aus dem Korrektions- und Zuchthause entlassenen Individuen im Auge; doch schon bei der ersten Generalversammlung 1829 setzten die Vereinsmitglieder einstimmig fest, daß auch entlassene Geisteskranke in der Fürsorge des Vereins einbegriffen sein sollten. Ein Aufruf an die Landeseinwohner bildete die Grundlage zu dem Verein, dessen Statuten in der zweiten Generalversammlung am 15. Juni 1831 festgesetzt wurden. Nach dem ersten Vereinsbericht vom 27. Juni 1831 hatte der Verein 1210 zahlende Mitglieder und 211 Patrone; die letzteren hatten alle Aufgaben der heutigen Vertrauensleute. Im Bericht über 1842/44 hieß es u. A.: »Am Sichersten waren die Unterstützungen wohl angewendet, welche entlassene Irre erhielten. Eine kleine Summe, für einen solchen Menschen verwendet, kann häufig ein Schutz vor dem Rückfalle in seine Krankheit werden.« Leider ging der Verein noch vor *Lindpaitners* Tode († 1848) wieder ein. (Allg. Zeitschrift f. Psych. 1845, Bd. 2, S. 744 und Irrenfreund 1876, S. 76.)

Die nächste Nachricht findet sich in den Akten der rhein. Provinzialverwaltung (Tit. XIII A N. 3, Vol. 1), wonach seit 1840 bei der Anstalt Siegburg durch freie Gaben von Freunden der Anstalt und von abgehenden Kranken oder deren Verwandten eine »Unterstützungskasse« gebildet war, deren Erträge teils zum Vergnügen der Kranken, teils zur Unterstützung Entlassener Verwendung fanden, und 1841 regte *Jacobi* öffentlich die Sammlung von »Gaben von mitleidiger Hand, bestimmt zur Einkleidung entlassener Kranker, zur notdürftigen Unterstützung des wieder zu beginnenden Haushalts und zum Wiederbeginn eines ordentlichen Broterwerbs« an; für diese Zwecke nahm er die Vermittelung der Ortsvorsteher in Aussicht. (*Jacobi*, Die Irrenanstalt Siegburg und ihre Gegner, Bonn 1841, S. 30.) Ohne Mühe erkennt man hier schon die Wege, Ziele und Einrichtungen der späteren Hilfsvereine und geht wohl nicht fehl in der Annahme, daß *Jacobi* die ersten Anregungen dazu einerseits durch den nassauischen Verein, andererseits auf einer Reise durch englische Anstalten im Jahre 1834 empfangen hat, denn hier war 1831 in der Anstalt Hanwell, die er auch besucht hatte, bei Gelegenheit der Eröffnung der Anstalt ein »Unterstützungsfonds für geheilt entlassene Kranke« gegründet worden. (*Lähr*, Gedenktage, 16. 5. 1831.) Eine derartige Kasse, also mit dem ausschließlichen Zweck der »Unterstützung entlassener Kranker« wurde in Siegburg erst 1852 ins Leben gerufen, nachdem inzwischen andere Anstalten damit vorangegangen waren.

In Frankreich soll im Jahre 1840 Dr. *Cazauvielh*, Arzt an der Salpêtrière, die erste Anregung zu einer Hilfsvereinsgründung (société protectrice) gegeben haben, ohne daß es indessen zu einer Gründung kam; auch wird ihm das Prioritätsrecht von Dr. *Ristel-*

huber, ehem. Chefarzt in Stephansfeld, streitig gemacht. 1842 gründete Dr. *Richard* in Stephansfeld eine seitdem bestehende Unterstützungskasse (oeuvre de patronage); als auf seinen Antrag der Congrès scientifique in Straßburg 7. Okt. 1842 sich grundsätzlich für die Gründung von Hilfsvereinen (sociétés de patronage) aussprach, berichtete *Falret*, daß an der Salpêtrière bereits im Jahre vorher ein Verein gegründet sei. (*Giraud* und *Ladame*, Des sociétés de patronage des Aliénés, La Rochelle 1893, S. 5 und Verw. Ber. Stephansfeld-Hördt, 1881/82.) Nach anderer Nachricht wurde der Hilfsverein an der Salpêtrière erst am 1. Februar 1843 und ein Verein für die männlichen Kranken im Bicêtre 1844 gegründet; 1848 wurden beide Vereine verschmolzen; ein dritter Hilfsverein entstand im gleichen Jahre in Nancy. (Irrenfreund 1875, S. 78.)

Die erst 1852 behördlich sanktionierten Satzungen der Stephansfelder Unterstützungskasse entsprachen so völlig den gesamten Hilfsvereinszwecken, daß *Pelman*, der von 1871—1876 Direktor der Anstalt gewesen war, sie z. T. wörtlich für den von ihm 1884 begründeten Hilfsverein für den Regierungsbezirk Düsseldorf übernehmen konnte.

Am 15. Apr. 1842 erfolgte in London die Gründung einer Gesellschaft zur Verbesserung des Geschickes der Irren unter dem Präs. Lord Shaftesbury und Dr. *Al. Morison*.

Damerow, der im Bd. 1 der Allg. Zeitschr. f. Psych. 1844, S. VII darüber berichtet, betont besonders, daß »die Aufforderung zur Teilnahme an dem Verein mit einer den Zwecken dieses Schutzvereins entsprechenden Wärme und Würde gefaßt ist und darum besonders großes Vertrauen auf die erbetene Mitwirkung der Dames patronesses gesetzt wurde«. Er fährt dann fort: »Die Entstehung ähnlicher Schutzvereine können wir Irrenärzte nur anempfehlen und betreiben, zumal wenn die Vereine ihre Wirksamkeit auch auf die äußeren bürgerlichen, persönlichen und Eigentumsverhältnisse der Seelenkranken während ihres Aufenthaltes in den Irrenanstalten ausdehnen. Wenn die rechten Männer an Gesinnung und Tatkraft sich an die Spitze stellen, werden solche Schutzvereine auch bei uns ins Leben treten.«

Im Statut der badischen Anstalt Illenau vom 18. Oktober 1843 heißt es in § 43: »Wo ein Verein zur Unterstützung entlassener Pfleglinge besteht, haben ihm die Bezirks- und Lokalstellen allen möglichen Vorschub zu leisten.« (Allg. Zeitschr. f. Psych. Bd. 1, 1844, S. 246.)

Roller-Illenau berichtet 1845, daß auch in Rußland solche Vereine bestünden und daß »in Baden wenigstens ein kleiner Fonds zu diesem Zwecke gebildet sei, welcher seine Beiträge aus dem Illenauer Opfergelde und aus Geschenken vermöglicher Anverwandten erhalte.« Er fügt hinzu: »Mit Geld allein ist aber die Sache freilich nicht abgemacht.« (Allg. Zeitschr. f. Psych. 1845, S. 745.) *Roller* trifft damit den Kernpunkt, den wesentlichen Unterschied zwischen einer Unterstützungskasse und einem Hilfsverein, und es ist beachtlich, daß die zeitlich nächsten Wohlfahrtsbestrebungen für Geisteskranke sich nur mit der Beschaffung von Mitteln für Kranke in den Anstalten und für entlassene Kranke befassen, die weiteren Hilfsvereinsziele aber außer Acht lassen, und daß die Vereinsgründung nur die Beschaffung von Mitteln bezweckte. 1847 schrieb *Roller*: »Sehr wünschenswert wäre die Bildung eines durch das ganze Land gehenden Vereins, der sich der Entlassenen in wirksamer Weise annähme und für Sammlung von Beiträgen besorgt wäre usw.« und *Ruer*-Marsberg, der schon in seinen Verwaltungsberichten von 1838 und 1842 auf die Notwendigkeit der Fürsorge für Entlassene warm hingewiesen hatte, schrieb im Verwaltungsbericht vom 31. März 1847: »Gesellige Vereine könnten sich bilden zur Verbesserung des Loses solcher Unglücklichen, um ihnen den Übergang aus dem Irrenhaus in die Welt zu erleichtern.«

In Wien war der Primararzt des Irrenturms Dr. *von Viscanek* 1847 bestrebt, einen Unterstützungsfonds zu schaffen, dessen Statuten 1848 von der Landesbehörde genehmigt wurden, auf Grund deren sich dann erst im Jahre 1851 der noch bestehende Verein konstituierte. Erst 1874 wurde eine Statutenänderung vorgenommen, wonach dazu bereiten Mitgliedern eine persönliche Mitwirkung bei der Fürsorge nahegelegt wurde.

An der Anstalt Hall in Tirol bestand seit 1847 ein vom Grafen Rudolf von Tannenberg gestifteter Fonds für geheilt entlassene Arme, neben der letztwilligen Stiftung eines Anstaltsverwalters *Sacke* für den gleichen Zweck.

In Bayern setzten diese Bestrebungen einige Jahre später ein, indem seit 1852 in den Kreisen Schwaben und Neuburg (Anstalt Kaufbeuren) durch eine alljährliche Kirchenkollekte ein Unterstützungsfonds für arme Geisteskranke zusammengebracht wurde, während dem entsprechenden Fonds für die Oberpfalz und Regensburg (Anstalt Karthaus-Prüll) erst unterm 26. 5. 1859 die landesherrliche Genehmigung erteilt wurde. Beide Fonds dienten nur zur Aufbringung der Pflegekosten für in der Anstalt befindliche und meist auch nur für heilbare Kranke. (Schriftl. Mitt. von Kaufbeuren und *Erlenmeyer*, Correspond. Bl. 1859, S. 202.) 1855 entstand ein Unterstützungsfonds für arme Kranke im Kreise Unterfranken und Aschaffenburg.

Es war gleichfalls nur ein Unterstützungsfonds für geheilt entlassene Geisteskranke, den 1849 die Königin von England bei der Grundsteinlegung der Irrenanstalt Colney Hatch stiftete, ebenso wie die Stiftung von 50 000 fr. des Großen Rats von St. Gallen bei der Anstalt St. Pirminsberg im Jahre 1859. Bei dem

Errichtungsbeschluß dieser Anstalt (11. September 1846) hatte man mit Geschenken und Vermächtnissen wohltätiger Privater und Korporationen gerechnet, die aber wohl ausgeblieben waren. (Botschaft des Kleinen Rats von St. Gallen an den Großen Rat 1846.)

Organisation und Ziele des Vereins für entlassene Geisteskranke, der 1861 in Stockholm durch Dr. *Sonden*, und zwar angeregt durch eine Schenkung der Sängerin Jenny Lind, gegründet wurde, sind nicht bekannt.

Ganz kurz wünschte 1852 *Heinrich Lähr* »ein über das ganze Land ausgebreitetes Netz von Wohltätigkeitsvereinen, damit der arme Genesene nicht wieder aus Not und Verzweiflung aufs Neue seiner verderblichen Krankheit anheimfalle.« (*Lähr*, Über Irrsein und Irrenanstalten, Halle 1852) und 1855 interessierte sich Physikus *Kelp* in Delmenhorst (Oldenburg) für die Gründung eines Hilfsvereins, indem er sich von *Erlenmeyer* die Statuten des Schutzvereins zu Nancy zugunsten der aus den Irrenanstalten entlassenen Geisteskranken, sowie der Taubstummen, Blinden und Waisen erbat. *Erlenmeyer* brachte die Statuten im Korrespondenzblatt der deutschen Gesellschaft für Psychiatrie und gerichtliche Psychiatrie 1855, Heft 2 zum Abdruck und forderte dringend zur Nachahmung auf, zur materiellen Unterstützung, Arbeitsbeschaffung und Ratserteilung, wie die entlassenen Geisteskranken sich wieder für die menschliche Gesellschaft tätig und nützlich erweisen könnten.

In Deutschland, bzw. im deutschen Sprachgebiet hat es hiernach bis gegen Mitte des vorigen Jahrhunderts an Wohlfahrtsbestrebungen auf dem Gebiete sozialer Irrenfürsorge nicht gefehlt; es ist aber, mit Ausnahme des nur kurzjährigen Erfolges in Nassau, über zielstrebige Wünsche im Sinne unserer Hilfsvereine, wie sie zuerst in Deutschland *Jacobi* geäußert hatte, nicht hinausgekommen.

Erst *Brosius*, dem Direktor einer kleinen Privat-Irrenanstalt bei Bendorf (Rheinprovinz) war es vorbehalten, sich für Irrenhilfsvereine kräftig und erfolgreich einzusetzen.

1859 hatte *Koster*, II. Arzt an der westfälischen Irrenanstalt Marsberg die Zeitschrift »Der Irrenfreund« gegründet und sie bezeichnender Weise »Eine Volksschrift über Irre und Irrenanstalten, sowie zur Pflege der geistigen Gesundheit« genannt. Im ersten »An die Leser« gerichteten Aufsatz schrieb er: »Der Irrenfreund will ein gutes Wort einlegen für eine Klasse von Mitmenschen, deren Schicksal, deren Wesen und Stellung bisher nicht genug gewürdigt, ja fast allgemein verkannt worden ist. — Er will damit den Kampf aufnehmen gegen törichte und schädliche Vorurteile des Publikums durch Verbreitung richtiger Ansichten über Irre, Irresein, Irrenanstalten und Irrenwesen, damit zugleich dem Interesse der Kranken zu nützen und die Hindernisse segensreichen Wirkens der Anstalten aus dem Wege zu räumen. — Das

Blatt wird nicht minder die Verhältnisse der Genesenen und Gebesserten nach ihrer Rückkehr nach Hause ins Auge fassen und Maßregeln zu ihrem Schutze vorzubereiten und anzuregen suchen, wie sie bis jetzt in Deutschland nur erst höchst vereinzelt bestehen.« Offenbar das vollständige Programm unserer Hilfsvereine!

Bereits im nächsten, im Februar-Heft 1859, trat *Brosius* auf den Plan, nachdem er am 28. September 1858 auf der Versammlung deutscher Naturforscher und Ärzte sich schon als Vorkämpfer neuer psychiatrischer Gedanken mit einem Vortrag über Irrenbehandlung ohne mechanischen Zwang hervorgetan, damit allerdings keine Anerkennung gefunden hatte. In einem Aufsatz: »Über die häuslichen Verhältnisse der Irren« schrieb er u. a.: »Es bilden sich überall Vereine zur Förderung wissenschaftlicher und humaner Zwecke; es gibt sogar Vereine gegen Tierquälerei, und das mit Recht. Könnte aber wohl irgend etwas mehr berechtigt sein, als ein Verein zum Schutz der Irren?, der Irren, die sich selbst nicht schützen können und denen die Geistesgesunden jedweden Schutz schuldig sind!« In einem Nachwort gab *Koster* den Wünschen kräftigen Nachdruck: »ein vielmaschiges und festgeknotetes Netz eines solchen Vereins über ein Land geworfen, welch ein mächtiges Mittel, das Ungetüm des Wahnsinns zu fesseln und seinen Fortschritt zu hemmen!« Im Juli-Heft 1859 erschien ein Aufsatz von *Brosius*: »Über die Bildung und Aufgabe der Vereine zum Schutze der Irren«, in welchem er schon genauere Anweisungen gab: »Wenn die Ärzte, Geistliche und andere angesehene Personen eines Bezirkes mit dem Gemeindevorstand zusammengetreten sind, so kann ein Anfang gemacht werden und — — Sobald sich an verschiedenen Orten Vereine gebildet haben, müssen sie miteinander in Verbindung treten, um durch gemeinschaftliches Streben ihr großes Ziel leichter zu erreichen. Ihr Zusammenhalten wird ihren Einfluß zum Besten der Irren erhöhen.« Mit der Zähigkeit des geborenen Westfalen ließ *Brosius* nicht mehr von der Verfolgung des vorgesteckten Zieles ab; am 1. Juli 1860 trat er mit in die Redaktion des Irrenfreund ein; bald schrieb er selbst einschlägige Aufsätze, bald lieferte *Koster* einen Artikel; bald berichtete *Brosius*, daß man im Auslande an Vereinsgründungen dächte (in Pesaro im Kirchenstaat), und daß Deutschland doch nicht dahinter zurückstehen dürfe, bald berichtete er hocherfreut und stolz, daß staatliche und kirchliche Behörden ihre Dienststellen auf den Irrenfreund aufmerksam gemacht und die Förderung seiner Bestrebungen empfohlen hätten; Vereins- und Hilfskassen-Neugründungen wurden regelmäßig registriert und aus den Jahresberichten der Vereine Auszüge veröffentlicht. So konnte er u. a. berichten, daß die Gründungen von Hilfsvereinen in Holland gegen das Jahr 1860 begonnen, daß im Jahre 1862 von *Ludwig* in Hofheim eine Unterstützungskasse für entlassene Pfleglinge gegründet wurde und daß im Jahre 1865 die Anstalt Friedrichsberg-Hamburg in den Genuß einer größeren Stiftung gelangte, die zur Gründung einer Unterstützungskasse führte. Besonders war es aber die Gründung des St. Gallischen Hilfsvereins durch *Zinn* im Jahre 1866, die *Brosius* neuen und willkommenen Anlaß gab, immer wieder die Notwendigkeit der Hilfsvereine zu betonen und ihre Gründung anzuregen. *Brosius* scheute keine Mühe; im Jahre 1878 hielt er auf dem Irrenärztekongreß zu Paris einen Vortrag über »Patronage des Aliénés«, der indessen, wie er selbst sagte, die französischen Kollegen nicht interessierte; auch in seiner engeren Heimat, im Rheinland, hatte er zunächst keinen rechten Erfolg, indem in der Versammlung der rheinischen Irrenärzte im Jahre 1883 sein Antrag, einen Hilfsverein zu günden, glatt durchfiel. *Brosius* hatte aber die allerdings etwas späte Genugtuung, daß derselbe Verein, der ihn im Jahre 1883 im Stiche gelassen hatte, im Jahre 1900 die Vereinsgründung beschloß und daß der neue Verein ihn in der ersten Hauptversammlung am 8. November 1901 in dankbarer Anerkennung seiner großen Verdienste um die Hilfsvereinssache einstimmig zum Ehrenmitgliede ernannte. So sah *Brosius* als 75 jähriger doch Erfolge, denen er 40 Jahre lang unermüdlich und selbstlos nachgestrebt hatte.

Zur Geschichte der deutschen Hilfsvereine für Geisteskranke seit 1870/71.

Von

Geh. Medizinalrat Dr. **Max Fischer**, Berlin-Dahlem.

Als nach der Reichsgründung 1870/71 durch die Staatskunst Bismarcks der Weltfriede und damit die Stetigkeit der politischen, kulturellen und wirtschaftlichen Verhältnisse auch in Deutschland gesichert erschien, konnten sich alle in der Stille vorbereiteten humanitären Bestrebungen zum Wohl der Kranken wieder hervorwagen und gedeihlich weiterentwickeln. Auch die bis dahin in mancher Hinsicht unvollkommene Fürsorge für die Geisteskranken gewann jetzt neues Leben. Neben der überall einsetzenden Erstellung neuer Heil- und Pflegeanstalten und der Gründung von Forschungs- und Lehrinstituten in Gestalt der Irrenkliniken wurde nunmehr die nicht minder wichtige Aufgabe der Behandlung und Fürsorge der im freien Leben stehenden Geisteskranken in Angriff genommen, insbesondere durch die Schaffung von Irrenhilfsvereinen als Landesorganisationen.

Als Erster trat der Gründer und Direktor der Heilanstalt Illenau in Baden, Geheimerat Dr. *Ch. F. W. Roller* mit seinen seit langem gehegten Plänen, die in Baden von Illenau aus schon teilweise Gestalt angenommen hatten, vor die Öffentlichkeit. Schon auf der Tagung des Südwestdeutschen Vereins für Psychiatrie in Karlsruhe im Oktober 1871 legte er in einem Vortrag: »Berührungen der Psychiatrie mit anderen Gebieten« seine Ideen von der Lokalversorgung der Geisteskranken mit Unterstützung durch Behörden, Geistliche und Ärzte, in Verbindung mit Rundreisen der Anstaltsärzte, statistischer Erfassung sämtlicher Irren und unter Betonung der Hauptaufgaben der Hilfsvereine für Geisteskranke dar und verwies empfehlend auf den folgenden Vortrag seines Mitarbeiters, des früheren Illenauer Arztes und damaligen Direktors der Heil- und Pflegeanstalt in Pforzheim, Dr. *Franz Fischer* des älteren. Dieser selbst ging sodann des näheren auf die Bedingungen und Grundsätze für die Gründung eines Hilfsvereins für Geisteskranke ein. Daraufhin wurde von der Versammlung sofort ein Komitee für die Vorbereitung der Vereinsgründung eingesetzt. Im Jahre 1872 wurde der badische Verein auf der Grundlage der von *Roller* und *Fischer* geschaffenen Statuten unter der Leitung von Geheimerat Dr. *Franz Fischer* ins Leben gerufen und nahm in den ersten Jahren einen verheißungsvollen Aufschwung, begünstigt vor allem durch die reichen Geldmittel der seit 1842 bestehenden Illenauer Unterstützungskasse. Nach dem Tode der Begründer (*Rollers* im Jahre 1878 und *Fischers* 1881) blieb die Vereinstätigkeit weiterhin im wesentlichen auf die vorzüglich organisierte Illenauer Fürsorgearbeit beschränkt. Später setzte eine neue Entwicklungsphase des Vereins ein, als auf Grund der Vorarbeiten von *Max Fischer* die Regierung im Jahre 1903 die Wiederaufnahme der Hilfsvereinstätigkeit anregte und Geheimrat Dr. Heinrich *Schüle*-Illenau die Leitung der Bewegung in die Hand nahm. Im Jahre 1906 wurde der Verein neu organisiert und entfaltete von da an eine lebhafte Tätigkeit sowohl durch Propagandavorträge wie durch individuelle Fürsorgearbeit und materielle Unterstützungen. Nach dem Weltkriege wurde in Verbindung mit der Einführung der Außenfürsorge durch Obermedizinalrat Dr. *Roemer*, Medizinalreferenten im Ministerium des Innern, auch der badische Hilfsverein rasch wieder aktionsfähig aufgerichtet.

Aus dem Jahre 1871 wird sodann noch die Errichtung eines Unterstützungsfonds für arme Irre in Niederbayern erwähnt, über dessen Tätigkeit indes nichts Genaueres bekannt wurde.

Im selben Jahre 1872, das den badischen Hilfsverein entstehen sah, trat in der Provinz Westfalen der »St. Johannes-Verein zur allgemeinen Irrenfürsorge« ins Leben auf Anregung und unter Leitung des Direktors Dr. *Koster* der Heil- und Pflegeanstalt Marsberg, des verdienstvollen Herausgebers des »Irrenfreundes«, mit welcher Zeitschrift er seit dem Jahre 1859 unter Mitarbeit von *Brosius* die Irrenfürsorge und das Anstaltswesen in weiten Kreisen volkstümlich zu machen versucht und sich insbesondere für die Hilfsvereinsbewegung lebhaft eingesetzt hatte. Der Westfälische Verein hat das große Verdienst, daß er mit seinen Mitteln die Gründung einer großen Idiotenanstalt zu Niedermarsberg, das St. Johannis-Stift (eröffnet 1881) mit 540 Plätzen für schwachsinnige Kinder und Jugendliche ermöglichte; diese Anstalt ist im Jahre 1911 als wertvoller Besitz in das Eigentum der Provinz Westfalen übergegangen. Die Mittel des Hilfsvereins dienten fast ausschließlich dem Bau und Betrieb dieser Anstalt, während die übrigen Vereinszwecke daneben zurücktreten mußten. Gleichfalls noch im Jahre 1872 wurde auf der Versammlung des psychiatrischen Vereins in Berlin von *Heinrich Lähr* in einem Vortrag die »Bildung von Vereinen behufs Verbesserung der öffentlichen Fürsorge für Irre« gefordert. Der Antrag wurde beifällig aufgenommen und es wurde sofort eine Kommission zur Ausarbeitung des Statuts für einen

Kurmärkischen Verein (*Lähr, Ideler* und *Zinn*) eingesetzt. Bereits im Jahre 1873 wurde die Bildung des Vereins unter Annahme der Statuten vorgenommen, wobei insbesondere *Zinn* seine bei *Roller* während eines zweimaligen Studienaufenthaltes in Illenau erworbenen Kenntnisse wie auch seine eigenen Erfahrungen mit dem von ihm als Direktor von St. Pirminsberg im Jahre 1866 für den Kanton St. Gallen gegründeten Hilfsverein verwerten konnte. Der Kurmärkische Verein hat sich im Jahre 1875 zu einem Verein für die Provinz Brandenburg erweitert und wurde in der Folge zu einer segensreichen Institution für die Geisteskranken der Provinz.

Im Jahre 1874 folgte das Großherzogtum Hessen nach, wo der Direktor von Heppenheim Dr. *Ludwig*, der schon vorher (1862) in der Anstalt Hofheim eine Unterstützungskasse gegründet hatte, nunmehr für ganz Hessen eine Hilfsvereinsorganisation nach badischem Vorbild schuf. Dieser Verein entwickelte sich dank der tatkräftigen und unermüdlichen Persönlichkeit *Ludwigs* zu einem alle anderen Hilfsvereine weit überflügelnden Organe der Irrenfürsorge an der Hand eines Kuratoriums, dem alle maßgebenden Persönlichkeiten des Irrenwesens und der Behördenwelt, einschließlich des Landesherrn, angehörten, und von Vertrauensleuten, die durch das ganze Land hin in allen Städten und Gemeinden die Aufgaben des Hilfsvereins in jeder Beziehung wahrnahmen. Beinahe jeder Jahresbericht dieses Vereins enthält außer der Darstellung der Vereinstätigkeit selbst eine Abhandlung über irgendein wichtiges aktuelles Thema der Irrenfürsorge von der Hand *Ludwigs*, woraus Laienkreise wie auch die psychiatrischen Fachgenossen stets neue wertvolle Anregung und Aneiferung für ihre eigenen Arbeiten gewinnen konnten. Denkschriften für die Ausgestaltung und Verbesserung der hessischen Landesirrenfürsorge wurden vom Verein erstattet; es ging ein großer Zug durch das ganze Unternehmen und *Ludwig* konnte mit Recht sagen, daß sein Verein quasi »ein Parlament für das Irrenwesen des Landes« darstelle.

Im Jahre 1875 wurde in Schlesien durch Direktor Dr. *Jung* der Heil- und Pflegeanstalt Leubus ein Hilfsverein für Geisteskranke gegründet, der eine rührige Tätigkeit entfaltete, bis der Weltkrieg ihn lahmlegte. Im Jahre 1924 wurde entsprechend der Bildung zweier Verwaltungsgebiete auch der Hilfsverein in zwei Untervereine für Niederschlesien und für Oberschlesien getrennt. Im selben Jahre (1875) befaßte sich auch unsere psychiatrische Standesvertretung, der Verein deutscher Irrenärzte auf seiner Münchener Tagung in Erkenntnis der Bedeutung des Problems erstmals offiziell mit der Hilfsvereinsfrage. Es kam ein Referat *Zinns*: »Über Bildung von Hilfsvereinen zur Förderung der Irrenpflege« durch *Nasse* zur Verlesung und in einer Resolution wurde zur Bildung von weiteren Hilfsvereinen aufgefordert. In der Diskussion sprach insbesondere *Schüle*-Illenau für die Propagierung der *Roller*schen Gedanken.

Roller selbst trat im folgenden Jahre (1876) nochmals auf der Wanderversammlung der westdeutschen Irrenärzte in Karlsruhe mit einem Vortrag: »Über Aufnahmebedingungen und Beziehungen der Psychiatrie zu anderen Gebieten« auf und empfahl den Fachgenossen eindringlich die Außenfürsorge mit Beiziehung der Hilfsvereine. Und sogar noch nach seinem Tode wurde auf der Jahresversammlung deutscher Irrenärzte in Kassel (1878) ein von ihm noch vorbereiteter Vortrag: »Fürsorge für die Irren außerhalb der Anstalten« von seinem Sohne gleichsam als Vermächtnis *Rollers* zu Gehör gebracht, worin das ganze bedeutsame Problem nochmals mit dem Gewicht seiner Autorität behandelt und um Nachfolge geworben wurde.

In der Rheinpfalz, wo sich Direktor Dr. *Dick*-Klingenmünster jahrelang um die Schaffung eines Hilfsvereins bemüht hatte, wurde kurz nach seinem Tode zu seinem Andenken im Jahre 1880 vom Verein pfälzischer Ärzte die *Dick*-Stiftung mit den Aufgaben eines »Pfälzischen Hilfsvereins für Geisteskranke« in Klingenmünster gegründet.

In das Jahr 1884 fällt die Neugründung des Hilfsvereins der Anstalt Eichberg für den Regierungsbezirk Wiesbaden der Provinz Hessen-Nassau. Im gleichen Jahre (1884) ging im Regierungsbezirk Düsseldorf der Direktor der Heilanstalt Grafenberg Dr. *Pelman*, der die Vorteile einer solchen Stützaktion in seiner früheren Direktorszeit in Stephansfeld schätzen gelernt hatte, mit einer Hilfsvereinsgründung für diesen Teil der Rheinprovinz vor, womit die Bestrebungen von *Brosius* wenigstens eine partielle Erfüllung erfuhren.

Es folgte Sachsen-Meiningen, wo Direktor Dr. *Mayser* der Heilanstalt Hildburghausen auf Befürwortung durch Geheimen Sanitätsrat Dr. *Erlenmeyer*-Bendorf im Jahre 1889 einen Hilfsverein nach bekannten Mustern gründete. Ein »Berliner Pflegeverein für Geisteskranke«, unter der Ägide von Geheimrat Dr. *Sander*-Dalldorf im Jahre 1889 begründet, kam zu keiner allgemeineren Wirksamkeit und ging 1911 wieder ein.

Im Jahre 1885 machte sich der verdiente Direktor der Heilanstalt Winnental Dr. *Kreuser* an die Errichtung eines »Landeshilfsvereins für rekonvaleszente Geisteskranke« für ganz Württemberg mit Illenau nachgebildeten Statuten. Dieser Verein machte unter *Kreusers* glücklicher Leitung recht günstige Fortschritte.

Mit dem Jahre 1897 begann die Arbeit von *Max Fischer* zur Förderung der Hilfsvereinsbestrebungen, der sozialen Psychiatrie und der psychiatrischen Volksaufklärung in Schriften, Zeitungsaufsätzen und Vorträgen. Im Herbst 1897 hielt *Franz Fischer* der jüngere, Sohn und Nachfolger des Direktors von Pforzheim und Mitbegründers des badischen Hilfsvereins, ein Referat: »Der weitere Ausbau der Irrenfürsorge außerhalb der Anstalten« vor der Versammlung des südwestdeutschen psychiatrischen Vereins in Karlsruhe. Für den Bereich der neuen hessen-nassauischen Anstalt in Weilmünster wurde 1897 durch Direktor Dr. *Langreuter* ein Unterstützungsverein, entsprechend dem Eichberger, ins Leben gerufen, über den jedoch späterhin nichts mehr verlautet.

Hierauf erfolgte im Jahre 1898 auf Anregung des damaligen Oberarztes, späteren Direktors Dr. *Krell*, der einerseits durch einen Studienaufenthalt in Illenau und andererseits bei seiner mehrjährigen Tätigkeit in Sayn durch seinen Schwiegervater Dr. *Brosius* die Leitgedanken erhalten hatte, im Königreich Sachsen die Errichtung eines Landesvereins. Dieser große Verein zeichnete sich hauptsächlich infolge der Förderung seitens seines Vorsitzenden, des Direktors der Heilanstalt Sonnenstein Geheimrats Dr. *Weber*, zugleich Referenten im Ministerium, durch eine sehr gute Organisation aus und fand Verbreitung über alle Verwaltungsbezirke des Landes hin. Vorher hatte in Sachsen, begrenzt auf die Kreishauptmannschaft Zwickau, ein Irrenhilfsverein »Dymphna« für einige Jahre (1877—85) bestanden.

Im Jahre 1900 wurde auf Betreiben von *Brosius*, *Pelman* und *Peretti* endlich für die ganze Rheinprovinz, unter Einbeziehung des Düsseldorfer Sondervereins, die große allgemeine Hilfsvereinsorganisation geschaffen, wobei *Brosius*, der damit sein Lieblingsziel erfüllt sah, sofort zum ersten Ehrenmitglied gewählt wurde. Unter dem Vorsitz von *Peretti*, dem Direktor der Provinzialheilanstalt Grafenberg, nahm dieser Verein eine fortlaufend gedeihliche Entwicklung.

In der früheren Provinz Posen soll ein Hilfsverein für Geisteskranke bestanden haben; weitere Nachrichten darüber fehlen.

In Pommern machte Direktor Dr. *Mercklin*-Treptow a. d. Rega im Jahre 1901 den Versuch einer Vereinsgründung. Die Provinzialregierung war aber dagegen, überantwortete indes die Fürsorge für entlassene Geisteskranke den Organen der inneren Mission. Ein neuer Vorstoß *Mercklins* (1913/14) wurde durch den Kriegsausbruch vereitelt.

Im Jahre 1902 erschien die verdienstvolle Schrift von *Ludwig Scholz* (damals in Waldbröl): »Irrenfürsorge und Irrenhilfsvereine«. Im selben Jahre (1902) trat der 77jährige *Brosius* noch ein letztes Mal vor dem Verein deutscher Irrenärzte in München in einem Vortrag: »Über den Mangel an Irren-Patronaten in Deutschland« für seine Idee ein, wobei er von *Kreuser*, *Pelman* und *Peretti* unterstützt wurde.

Aus der Zeit nach dem Weltkriege ist als Zuwachs die Neugründung des »Unterstützungsvereins für Geisteskranke« der Provinz Schleswig-Holstein im Jahre 1920 durch Geheimrat Dr. *Dabelstein*, den Direktor der Provinzialheilanstalt Schleswig, zu verzeichnen.

Im Jahre 1926 wurde auf Betreiben des Direktors Dr. *Ennen*-Merzig ein »Hilfsverein für die Geisteskranken im Saargebiet« ins Leben gerufen.

Seit 1921 finden auf Anregung von *Ackermann*-Großschweidnitz und *Max Fischer*-Wiesloch alljährlich in Verbindung mit den Tagungen des deutschen Vereins für Psychiatrie Besprechungen der Vertreter der Hilfsvereine und der offenen Fürsorge für Geisteskranke statt. (Vgl. S. 113). Im Jahre 1926 erfolgte in Düsseldorf die Ausgestaltung zum »Verbande der deutschen Hilfsvereine für Geisteskranke«, im Jahre 1927 der Anschluß an den »Deutschen Verband für psychische Hygiene« und im Jahre 1928 die Gründung der »Zeitschrift für psychische Hygiene«, die zum Organ des Hilfsvereinsverbandes bestimmt wurde.

Die Geschichte der deutschen Hilfsvereine für Geisteskranke ist, wie man aus dieser kurzen chronologischen Darstellung ersieht, beinahe noch stärker wie die anderer Institutionen aufs engste verknüpft mit einzelnen, markanten Persönlichkeiten, die sich, sei es für ihren engeren Wirkungskreis oder ihr Land, sei es aber allgemeiner für ganz Deutschland und darüber hinaus für die Verwirklichung ihrer humanitären Ideen einsetzten. Als solche Männer seien in erster Linie genannt:

Jacobi-Siegburg (1775—1858), der gewaltige Anreger und Gestalter auf dem Gebiete der Irrenfürsorge überhaupt weit über die Grenzen der Rheinprovinz hinaus.

Roller-Illenau (1802—1878), der große Reformator und Organisator des badischen und des deutschen Irrenwesens, der wohl als erster die Gesamtheit aller Beziehungen der Geisteskrankheiten zur Umwelt und ebenso das Gesamtproblem der Fürsorge für die Geisteskranken außerhalb der Anstalten klar erfaßte.

Brosius-Sayn (1825—1910), der unermüdliche Vorkämpfer für fortschrittliche Irrenfürsorge und insbesondere für die Idee der Hilfsvereine, der verdienstvolle Redakteur des »Irrenfreundes«.

Ludwig-Heppenheim (1826—1910), der bedeutende praktische Psychiater, der im Hilfsverein für Hessen eine vorbildliche und äußerst wirksame Landesorganisation schuf und aufrecht erhielt.

Neben, mit oder nach diesen Männern kommen weiterhin in Betracht:

Ruer-Marsberg/Westfalen (1784—1864), der erstmals eine Zählung der Irren außerhalb der Anstalten anstellte und deren Fürsorge anbahnte.

Lindpaintner-Eberbach (1794—1848), der als Erster eine Hilfsaktion für entlassene Geistesksanke in die Tat umsetzte.

Fischer, Franz der ältere-Pforzheim (1815—1881), der Mitbegründer des badischen Hilfsvereins.

Lähr, Heinrich-Berlin-Zehlendorf (1820—1905), der sich für alle Bestrebungen der praktischen Irrenfürsorge und der Volksaufklärung einsetzte, der Mitbegründer des kurmärkischen Hilfsvereins.

Koster-Marsberg (1822—1893), der Begründer des »Irrenfreundes« und des westfälischen Hilfsvereins wie auch der Idiotenanstalt in Marsberg.

August Zinn-Eberswalde (1825—1897), der Begründer des ersten Hilfsvereins in St. Gallen und später Mitbegründer des kurmärkischen Hilfsvereins.

Jung-Leubus (1830—1908), rief den schlesischen Hilfsverein ins Leben.

Weber-Sonnenstein (1837—1914), der Begründer des großen sächsischen Landeshilfsvereins.

Pelman-Grafenberg, später Bonn (1838—1916), ein bekannter Hochschullehrer, der Begründer des Düsseldorfer Hilfsvereins.

Schüle-Illenau (1840—1916), der Wiedererwecker des badischen Hilfsvereins.

Mayser-Hildburghausen (1853—1922), der den Hilfsverein für Sachsen-Meiningen ins Leben rief.

Moeli-Herzberge (1849—1919), der Förderer der allgemeinen Irrenfürsorge und Begründer der Beiratstelle für Geisteskranke in Berlin.

Peretti-Grafenberg (1852—1927), der Begründer des Hilfsvereins der Rheinprovinz.

Krell-Großschweidnitz (1855—1912), der den sächsischen Hilfsverein anregte.

Kreuser-Winnental (1855—1917), der den württembergischen Landesverein schuf.

Scholz, Ludwig-Waldbröl bezw. Obrawalde (1868—1918), der Verfasser von »Irrenfürsorge und Irrenhilfsvereine«.

Die Hilfskassen und Unterstützungsfonds für Geisteskranke.

Von

Sanitätsrat Dr. **Herting**, Düsseldorf-Grafenberg.

Da Hilfsvereine für Geisteskranke vielfach aus bereits vorhandenen Hilfs- und Unterstützungskassen hervorgegangen oder mit ihrer Hilfe entstanden sind, verdienen diese bei einer Wiedergabe des ganzen Hilfsvereinswesens gleichfalls Berücksichtigung. Die Zwecke der Hilfskassen decken sich nicht immer ganz mit den Zielen der Hilfsvereine; sie sind bald enger, bald weiter.

Von besonderer Art sind die auf Gegenseitigkeit beruhenden Unterstützungsvereine wie zu Nürnberg und Fürth, die sich vorwiegend die Aufgabe gestellt haben, im Bedarfsfalle für die Verpflegungskosten ihrer Mitglieder in der Anstalt aufzukommen; diese sind an dieser Stelle mit aufgeführt.

A. Bayern.

a) Kreis Oberbayern.

In Oberbayern besteht seit 1859 ein Unterstützungsfonds für hilfsbedürftige Geisteskranke der Oberbayerischen Heil- und Pflegeanstalten.

Seit 1859 wird alljährlich am 3. Sonntag des Januar in allen Kirchen und Synagogen Oberbayerns eine Kollekte zur Unterstützung bedürftiger Pfleglinge der Kreisirrenanstalten erhoben. Von den Ergebnissen der Kollekte wurde zunächst nur wenig auf den Zweck verwendet, sondern die eingehenden Gelder wurden angesammelt. Dazu kamen in den Jahren 1866, 1870 und 1872 drei größere Legate. Der Anstaltsdirektor *v. Gudden* rief im Jahre 1874 eine besondere Organisation ins Leben mit der Bezeichnung »Allgemeiner Unterstützungsfonds für hilfsbedürftige Geisteskranke«. Die Anfälle an Zinsen und der Ertrag der jährlichen Kollekten wurden nunmehr zu Unterstützungen verwendet. Durch weitere Legate und teilweise Erübrigungen aus den Kollekten wuchs das Vermögen zusehends und betrug am Schlusse des Jahres 1913 227 100 Mark.

Nach den von *v. Gudden* aufgestellten Satzungen, die von der Kreisregierung genehmigt worden waren, konnten aus dem Unterstützungsfonds minderbemittelte Gemeinden und auch Private Verpflegungsgeldzuschüsse für Geisteskranke, aber auch Geisteskranke, welche nicht in einer Anstalt untergebracht waren oder deren Familien Zuwendungen erhalten.

Außerdem wurden den Direktoren der 3 Anstalten 600 bzw. 300 M. jährlich zur freien Verwendung zugewiesen zu einmaligen kleinen Unterstützungen für austretende oder entlassene Pfleglinge. Im Rechnungsjahr 1913 konnten demgemäß an Unterstützungen gewährt werden rd. 15 950 Mark.

Durch die Inflation wurde das Fondsvermögen größtenteils entwertet, und man mußte daran gehen, aus den Erträgnissen der Kirchenkollekten einen neuen Fonds zu bilden.

Am Schlusse des Rechnungsjahres 1926/27 betrug dieses neue Fondsvermögen rd. 27 635 Mark. Im Rechnungsjahr 1926 ergaben sich an Einnahmen: 10 060 Mark. Der Hauptteil davon fand Verwendung auf Kapitalsanlage, nämlich 9327 Mark. Verwendet für Unterstützungen durch die Anstaltsdirektoren wurden 732 Mark.

Der Fonds wird in der Anstalt Eglfing verwaltet.

b) Kreis Niederbayern.

Für den Kreis Niederbayern besteht ein Kreis-Irren-Unterstützungsfonds, dessen Verwaltung mit der Verwaltung der Heil- und Pflegeanstalt Deggendorf vereinigt ist, mit der Bestimmung, daß über den genannten Fonds alljährlich besondere Rechnung zu stellen ist. Die Zinsen aus diesem Fonds werden zur Unterstützung hilfsbedürftiger Kranker der 3. Verpflegungsklasse verwendet, die auf eigene Kosten oder auf Rechnung hilfsbedürftiger Angehöriger in den niederbayerischen Anstalten untergebracht sind. Dadurch soll namentlich der Verschuldung kleiner bedürftiger Anwesensbesitzer durch die Aufbringung des Unterhaltes geisteskranker anstaltspflegebedürftiger Angehöriger entgegengewirkt, auch in sonstigen Notfällen helfend eingegriffen werden.

Dieser Fonds ist durch die Inflation auf rd. 23 000 Mark zusammengeschmolzen. Der Zinsenanfall beträgt gegenwärtig rd. 1240 RM.

Für den oben angegebenen Zweck steht außerdem zur Verfügung das Ergebnis einer Kirchensammlung, die alljährlich in den niederbayerischen Kirchen beider Konfessionen stattfindet. Im abgelaufenen Jahr wurden dort 4631 RM. gesammelt.

Die zur Verfügung stehende Summe wird weiter erhöht durch direkte Zuschüsse des Kreises in jährlich verschiedener Höhe. Im Jahre 1927 belief sich der zugeschossene Betrag auf 13 000 RM. An Unterstützungen wurden 1927 ausgegeben 18 398 RM.

c) Kreis Oberpfalz.

Erstmals im Jahre 1855 erscheint eine Stiftung, der Neunburger Irrenfonds, mit der Bestimmung, daß die Renten jährlich als Freiplatz für einen Geisteskranken aus dem damaligen Landgerichtsbezirk Neunburg Verwendung finden sollen.

Das Grundkapital betrug umgerechnet auf Mark: 5557 M.

Eine weitere Stiftung im Betrage von 10 000 M. errichteten im Jahre 1894 die Hauptmannsehegatten Emil und Ottilie Schneider in Regensburg mit der Bestimmung, die Renten dieses Kapitals an zwei vermögenslose und voraussichtlich heilbare Geisteskranke zur Bestreitung ihrer Unterhaltungskosten zu verteilen. Die Privatiere Frl. Sidonie Wolf von Regensburg stiftete im Jahre 1896 10 000 M. zum gleichen Zwecke und Verwendung wie vorstehend. Verschiedene kleinere Stiftungen und Zustiftungen, die im Laufe der Zeit hinzukamen, bildeten 1914 ein Grundvermögen von rund 45 500 M.

Die Inflationszeit, die diese Stiftungen entwertete, hob auch die Verwendung der Renten hinsichtlich der letztwilligen Bestimmungen auf. Die Zinsen aus den aufgewerteten Kapitalien fließen vorerst dem Kirchen-Kollektenfonds zu und finden hier alljährlich Verwendung zur Unterstützung der hilfsbedürftigsten Geisteskranken aus dem Kreise Oberpfalz, soweit sie nicht auf öffentliche Mittel in der Anstalt untergebracht sind. Das bis jetzt aufgewertete Kapital der bis zum Jahre 1914 vorhandenen 10 Stiftungen und Zustiftungen beträgt insgesamt 5725 RM. Die nunmehr in Goldpfandbriefen angelegten Kapitalien werden durch die Anstalt Regensburg mitverwaltet.

d) Kreis Mittelfranken.

1. Verein zur Unterstützung Geisteskranker in Fürth.

Der Verein wurde im Jahre 1861 gegründet, in der Absicht, im Falle der geistigen Erkrankung eines Familiengliedes, die Familien zunächst der materiellen Sorgen zu entheben und ihnen dadurch den schweren Entschluß zu erleichtern, ihren Kranken sofort nach der Erkrankung in einer Anstalt unterzubringen, wo erfahrungsgemäß infolge der geordneten Pflege und des geeigneten Heilverfahrens die meiste Hoffnung auf Genesung geboten ist.

Gegen einen Jahresbeitrag von 9 Mark für eine Familie übernimmt der Verein die Verpflegungskosten in der 3. Verpflegungsklasse jeder öffentlichen Irrenanstalt des Deutschen Reiches. Für Familienglieder, welche vor Eintritt der Familie in den Verein bereits an Geisteskrankheit, Epilepsie, Blödsinn oder Schwachsinn gelitten haben, werden die Kosten nicht übernommen.

Im Jahre 1912 zählte der Verein 4277 Mitglieder, im Jahre 1927 3870 Mitglieder. An Verpflegungskosten wurden für durchschnittlich 22 Kranke jährlich im Jahre 1912 M. 14 129, im Jahre 1927 M. 32 420 ausgegeben. An Vereinsbeiträgen gingen ein im Jahre 1912 M. 12 775, im Jahre 1927 M. 34 338. Das Vereinsvermögen, das im Jahre 1912 M. 69 981 betragen hatte, belief sich nach Überwindung der Inflation auf 35 006 Mark.

Außerdem besteht bei dem Verein ein aus Vermächtnissen und anderen Zuwendungen entstandener Wohltätigkeitsfonds, bestimmt zur Unterstützung bedürftiger Mitglieder, welche aus einer Anstalt entlassen wurden, ausnahmsweise auch zur Unterstützung von Nichtmitgliedern. Das Fondsvermögen, das vor der Inflation sich auf M. 3000 belief, beträgt zurzeit nur M. 70; doch hofft der Verein, daß, wenn die wirtschaftlichen Verhältnisse in Deutschland sich gebessert haben, auch der Wohltätigkeitsfonds und der Verein sich heben, um ihren segensreichen Verpflichtungen im notwendigen Maße wieder entsprechen zu können. Aus Anlaß des 50 jährigen Bestehens des Vereins im Jahre 1911 erschien ein ausführlicher Bericht über sein bisheriges Wirken. I. Vorsitzender des Vereins ist Herr Kaufmann Karl Löhner, Fürth, Schwabacherstraße 45; die Geschäftsstelle befindet sich bei Herrn Obersekretär Hugo Meißner, Zirndorferstr. 135.

2. Nürnberger Versicherungsverein zur Pflege Geisteskranker.

Der im Jahre 1884 von Nürnberger Bürgern gegründete »Verein zur Unterstützung Geisteskranker« hat sich die Aufgabe gestellt, für die Verpflegungskosten geisteskranker nächster Angehöriger seiner Mitglieder in einer Anstalt aufzukommen. Bereits am Ende des ersten Jahres seines Bestehens zählte er 871 Mitglieder; nach 25-jährigem Bestehen (1909) war die Mitgliederzahl auf 9334 Mitglieder gestiegen. Die Einnahmen, die sich aus Beiträgen von Mitgliedern und Gönnern, Vermächtnissen und Schenkungen zusammensetzen, betrugen im ersten Jahre 3090 M., im Jahre 1909 36 286 M., in den ersten 25 Jahren seines Bestehens 451 727 M., denen gegenüber eine Gesamtausgabe von 210 413 M. stand. Vom Jahre 1909 ab wurde der Verein immer weniger mit Geschenken und Legaten bedacht, bis vom Jahre 1914 ab solche Zuflüsse ganz aufhörten, während Unterstützungsgesuche in reicherem Maße einliefen. Die Inflation hat das Vereinsvermögen von über 300 000 M. vollständig vernichtet. Die Sorgen um das Weiterbestehen des Vereins wurden von diesem Zeitpunkt ab immer größer. Die Vorstandschaft trat schließlich zurück, und der Verein stand der Auflösung nahe. Durch umsichtiges tatkräftiges Eingreifen des neuen Vorstandes stellte sich aber rasch neues Leben ein; die wirtschaftlichen Verhältnisse gestalteten sich von Monat zu Monat günstiger, und schon im Januar 1925 war dem Verein das Glück beschieden, über ein greifbares Vermögen zu verfügen, das ein Fortbestehen des Vereins gewährleistete.

Der Krankenstand erhöhte sich von Jahr zu Jahr, besonders an älteren weiblichen Personen. Erkrankungen von Kriegsteilnehmern wurden zwar befürchtet, traten aber nicht in Erscheinung. An Verpflegungskosten wurden im Jahre 1914 M. 26 500 verausgabt, im Jahre 1927 M. 37 500; eine weitere Erhöhung ist zu erwarten.

Aus einem bei dem Verein bestehenden Wohltätigkeitsfonds erhalten mittellose, arbeitsuchende beurlaubte Kranke, ferner in offener Fürsorge befindliche und schwer nervenkranke Mitglieder, letztere zwecks Kurgebrauches, in der Hauptsache aber bedürftige Angehörige geisteskranker Mitglieder außerordentliche Unterstützungen, die sich im Jahre auf 2—3000 M. belaufen. Der Jahresbeitrag beträgt zurzeit bei Verpflegung in der 3. Klasse M. 4,50, in der 2. Klasse M. 8. Familien zahlen doppelte Beiträge. I. Vorsitzender des Vereins ist zurzeit Herr Konrad Maisen, Nürnberg, Burgschmietstraße 6; die Geschäftsstelle befindet sich Tuchergartenstraße 13 I. Ein Bericht über die Tätigkeit des Vereins während der ersten 25 Jahre seines Bestehens erschien im Jahre 1909. Der Verein wird weiterarbeiten, um seine gemeinnützige Einrichtung nicht nur zu erhalten, sondern wird auch sie dahin weiter auszubauen versuchen, daß die in offener Pflege befindlichen Kranken gegebenenfalls einem Genesungs- oder Versorgungsheime zugeführt werden können, woselbst sie genügend gepflegt und beaufsichtigt werden können.

3. Verein zur Unterstützung Geisteskranker in Schwabach.

Der Verein zur Unterstützung Geisteskranker zu Schwabach (einer Stadt von 12 000 Einwohnern) wurde am 22. März 1886 gegründet. Die erste Anregung hierzu gab ein »Eingesandt« im Schwabacher Tagblatt vom 19. 1. 1886, in dem auf die segensreiche Wirksamkeit eines solchen Vereins aufmerksam gemacht und auf das vorbildliche Beispiel der Nachbarstädte Nürnberg und Fürth hingewiesen wurde. In der Gründungsversammlung traten zunächst 49 Schwabacher Bürger dem Vereine bei, dessen Mitgliederzahl noch im Jahre 1886 auf 239 stieg. Im Jahre 1896 zählte der Verein bereits 336 Mitglieder. Dieses Jahr war für den Verein ein sehr schlimmes. Der damalige Konkurs des »Vorschuß-Vereins« brachte dem Verein einen Verlust von 4200 M., so daß sich das Vermögen plötzlich von 6700 M. auf 2500 M. verringerte. Eine große Anzahl von Mitgliedern beantragte die Auflösung des Vereins, aber die Mehrheit entschied sich doch für das weitere Bestehen des Vereins, und durch den Beschluß: an Stelle der vollen Verpflegungszuschüsse für die in der Anstalt Erlangen untergebrachten Patienten nur noch eine Pauschale von 100 M. pro Patient im Jahr zu zahlen, wurde der Verein tatsächlich gerettet, obwohl ziemlich viele Mitglieder austraten. Vom Jahre 1892 bis einschließlich 1901 hatte der Verein für 2 Kranke in Erlangen 3276 M. zu bezahlen. 1902 wurde beschlossen, daß Kranke von da an wieder die vollen Verpflegungskosten III. Klasse zu beanspruchen hätten. Bei Kriegsbeginn hatte der Verein 295 Mitglieder und ein Vermögen von 17 218 M., das sich bis Schluß des Krieges 1918 auf 20 100 M. vermehrt hatte. Im Jahre 1923 wurde das Vermögen des Vereins durch die Inflation so entwertet, daß wieder von vorne angefangen werden mußte. Zum Glück war zu dieser Zeit kein Kranker zu versorgen. Aber als bald darauf die Verpflegskosten für 3 Kranke zu bezahlen waren, hatte der Verein wieder sehr schwer zu kämpfen. In dankenswerter Weise gewährte der Kreisrat Mittelfranken 25% Zuschuß zu den Verpflegungskosten jeder Person. Aber die Beiträge der Mitglieder mußten von 4 M. jährlich auf 8 M. erhöht werden. Gegenwärtig zählt der Verein 375 Mitglieder und hat 2 Kranke zu unterhalten. Die Einnahmen betrugen Ende 1927: 4412 M., die Ausgaben 4245 M. Als Vermögen sind zurzeit vorhanden: 2848 M. Vorstand des Vereins ist zurzeit Herr Jean Klein, Ludwigstraße 13, Schriftführer Herr W. Lang, Ziegelstraße 32.

e) Kreis Unterfranken.

Der Landrichter Meisner zu Volkach hatte mit letztwilliger Verfügung vom 31. März 1835 bestimmt, daß die Renten eines Legates für die Bedürftigsten der armen unglücklichen Irren zu verwenden seien. Als nun am 1. Oktober 1855 die neue Anstalt Werneck eröffnet wurde, bestimmte die Regierung von Unterfranken, daß dieses Legat in Höhe von 12 480 Gld. einem Fonds zugeführt werde, der zur Unterstützung armer Irren in der Anstalt Werneck neu zu bilden und über den gesonderte Rechnung zu führen sei. Diesem Fonds wurden gleichzeitig einige kleinere Legate sowie die Zinsen mehrerer bei anderen Dienststellen verwalteten Wohltätigkeitsfonds sowie der Betrag einer jährlichen Kollekte zugewiesen. Besonders durch den letzteren, eine einmalige Überweisung von 20 000 Gld. aus der Anstaltshauptrechnung, sowie durch Einkaufsgelder für Anstaltspfründner, wies der Unterstützungsfonds bereits am 31. Dezember 1858 eine Höhe von 62 780 Gld. auf. Die kgl. Regierung behielt sich die Verfügung über die Verwendung der Zinserträge vor. Die Statuten des »Wohltätigkeitsfonds für Unterstützung armer Irren in der Kreisanstalt Werneck« erhielten am 2. November 1866 die landesherrliche Bestätigung. Der Zweck war »die Unterstützung armer Irren aus dem Regierungsbezirk Unterfranken und Aschaffenburg in der Kreisanstalt Werneck«. Im Jahre 1868 bestand das Vermögen aus 177 724 Gld. Kapital und 25 586 Gld. rentierlichen Realitäten. Bis zum Jahre 1913 wurden 104 Stiftungen und Geschenke gezählt in Höhe von 2 M. an bis 60 800 M. Die Kollektengelder beliefen sich von 1856—1913 auf jährlich durchschnittlich rd. 4000 M.

Der Vermögensstand war

1914 an Kapitalien 758 477 M., an Grundwert 97 000 M.
1918 „ „ 663 630 PM., „ „ 97 000 PM.
1927 nach vollzogener Aufwertung
an Kapitalien 49 000 RM., an Grundwert 100 000 RM.

Der Zufluß aus Kollektengeldern beträgt seit 1924 jährlich durchschnittlich 8000 RM. und an freiwilligen Beiträgen aus unterfränkischen Bezirkskassen 1500 RM. Die Pacht für Grundstücke beträgt jährlich rund 4000 RM. Schon in der Nachkriegszeit war eine viel stärkere Inanspruchnahme des Fonds eingetreten; seit der Festigung der Währung gehen die Gesuche um Unterstützung auch viel zahlreicher ein als vor dem Kriege. Es werden jährlich durchschnittlich 20 Unterstützungen im Werte von rund 7000 RM. durch die unterfränkische Kreisregierung bewilligt. In Betracht kommen nur solche bedürftige Gesuchsteller, die ihren gewöhnlichen Aufenthalt in Unterfranken haben und die die öffentliche Fürsorge für die Unterhaltung ihrer anstaltsbedürftigen Kranken nicht in Anspruch genommen haben. Zur Ansammlung eines stärkeren Grundstocks werden alljährlich die nicht verbrauchten Zuflüsse fest angelegt, so daß in einigen Jahren wohl alle Gesuchsteller unterstützt werden können, zumal auch die zur Ziehung kommenden Auslosungsrechte (13 000 RM.) den Fonds stärken werden.

Der Fonds wird auch weiterhin bei der Anstalt Werneck verwaltet.

f) Kreis Schwaben.

Aus dem Ertrage einer seit dem Jahre 1852 alljährlich am 1. Adventssonntag in allen Kirchen des Regierungsbezirkes von Schwaben und Neuburg stattfindenden Kollekte wurde ein Unterstützungsfonds für arme Geisteskranke gegründet, aus dem alljährlich Teilfreistellen für unbemittelte Kranke gewährt werden.

Dieser Unterstützungsfonds hatte Ende 1913 die Höhe von 179 076 M. erreicht und eine Rente von 6350 M. abgeworfen. Das Vermögen ist in der Inflation größtenteils verloren gegangen und beträgt jetzt nur noch 47 087 M. Zum Ersatz werden jährlich vom Kreistag von Schwaben und Neuburg die zur Gewährung von Teilfreistellen notwendigen Beträge genehmigt. 1924/25 kamen zur Verteilung 91 Fünftel-Teilfreistellen im Betrage von 13 539 M. 1925/26 103 Fünftel-Teilfreistellen im Betrage von 17 050 M. Die gleiche Summe stand für 1927 zur Verfügung. Außerdem enthält der Etat jährlich eine Summe von 500 M. zur Unterstützung entlassener Pfleglinge.

B. Mecklenburg-Schwerin.

Unter dem 14. September 1894 wurde die Stiftung einer Unterstützungskasse an der Landesheilanstalt Sachsenberg landesherrlich bestätigt. Das Vermögen der Unterstützungskasse besteht und wird gebildet: aus den für ihre Zwecke auf der Heilanstalt Sachsenberg angesammelten Kapitalien und deren Zinsen, aus den freiwilligen Gaben, welche in die in der Anstalt aufgestellte »Fremdenbüchse« gelegt werden, aus der Aufkunft der ausstehenden Kirchenbecken und aus außerordentlichen Zuwendungen. Die Bestimmung der Unterstützungskasse ist hauptsächlich: Kranken der Anstalt, welche hilfsbedürftig sind, eine Beihilfe zu gewähren, um ihnen nach ihrer Entlassung aus der Anstalt den Wiedereintritt in das bürgerliche Leben zu erleichtern oder um während ihres Aufenthaltes in der Anstalt die in ihrer zurückgelassenen Wirtschaft vorhandene Not und Bedürftigkeit zu mildern. In zweiter Linie: Unterstützungen zu Unternehmungen innerhalb des Landes zu geben, welche die Fürsorge für die Irrenpflege außerhalb der Anstalt und die Erschließung eines besseren Verständnisses der Bevölkerung für die Aufgaben der Irrenbehandlung bezwecken. Sitz der Unterstützungskasse ist die Anstalt Sachsenberg. Die Vertretung der Unterstützungskasse sowie die Verwaltung ihres Vermögens geschieht durch einen Vorstand, der aus dem jeweiligen ärztlichen Direktor und dem jeweiligen Betriebsinspektor der Heilanstalt Sachsenberg besteht. Die Berechnung der Einnahmen und Ausgaben der Unterstützungskasse nach Maßgabe einer von der vorgesetzten Behörde der Heilanstalt Sachsenberg zu erlassenden Instruktion liegt unter Aufsicht des ärztlichen Direktors dem jeweiligen Kassierer der Heilanstalt Sachsenberg ob. In den im vorstehenden bezeichneten Grenzen bestimmt und verfügt der Vorstand der Unterstützungskasse nach pflichtmäßigem Ermessen die einzelnen Beihilfen mit der Maßgabe, daß an einen einzelnen Kranken mehr als 100 M. in einem und demselben Rechnungsjahr oder innerhalb 5 Jahren mehr als 300 M. sowie Beihilfen aus dem Kapitalbestand der Kasse nur mit Genehmigung des Medizinalministeriums gegeben werden dürfen. Die Beihilfen sollen aber mit Maß und nicht über die Kräfte der Kasse hinaus geschehen, und es soll stets Bedacht darauf genommen werden, den Kapitalbestand der Kasse durch Jahresüberschüsse zu vergrößern. Außerordentliche Zuwendungen an die Unterstützungskasse im Betrage von mehr als 300 M. bedürfen der Genehmigung der vorgesetzten Behörde der Heilanstalt. Vor förmlichem Abschluß der Rechnung jedes Jahres muß ihr Überschuß in runder Summe zum Kapitalbestand der Kasse abgeführt werden. Die Unterstützungen, die aus der Kasse in den Jahren nach der Inflation gewährt worden sind, bewegen sich im einzelnen zwischen 1,50 M. und 30 M. Sie sind u. a. als Reiseunterstützung bzw. als Unterstützung beim Verlassen der Anstalt gewährt worden und beliefen sich im Jahr auf 8—900 M.

Der Vermögensstand der Unterstützungskasse betrug Ende 1918 rd. 19 451 M.

Es bestanden außerdem noch Unterstützungsfonds, meist hervorgegangen aus Vermächtnissen und Stiftungen, bei den Anstalten Hildesheim (18 400 M.), Rostock-Gehlsheim, Bremen-St. Jürgen und den rheinischen Anstalten, deren Mittel aber durch die Inflation derart entwertet sind, daß sie praktisch keine Bedeutung mehr haben. Die an den rheinischen Anstalten vorhandenen Stiftungs-Reste werden entsprechend dem preuß. Gesetz über Änderungen von Stiftungen vom 10. Juli 1924 (G.-S. 575). dem Hilfsverein für Geisteskranke in der Rheinprovinz zwecks sinngemäßer Verwaltung und Verwendung überwiesen werden.

Der Hilfsverein für Geisteskranke in Baden.

Von

Medizinalrat Dr. **Thoma,** Direktor der Heilanstalt Illenau.

Bald nach der Eröffnung der Anstalt Illenau (1842) erkannte Direktor *Roller*, daß die Fürsorge für Geisteskranke sich nicht auf die Anstaltsbehandlung beschränken dürfe, daß sie vielmehr die Aufgabe habe, die aus der Anstalt Entlassenen hinauszubegleiten ins Leben. Aus den ihm von edlen Menschenfreunden übergebenen Beiträgen und den Opfergeldern der Illenauer Kirche errichtete er zunächst eine „Unterstützungskasse für arme Entlassene". In dieser bescheidenen Gründung liegt der Beginn unseres badischen Hilfsvereines. Die Sammlungen zum Gewinn eines Fonds zur Unterstützung armer Entlassener wurden emsig betrieben. So bildete sich nach und nach ein Fond, aus dessen Zinsen, die anfangs recht bescheiden waren, arme Kranke beim Weggang aus der Anstalt oder nach der Entlassung besonders auf Weihnachten durch Geld, durch Anschaffung von Lebensmitteln, Holz, Kohlen usw. unterstützt wurden. Eine wertvolle Bereicherung erhielt dieser Fond durch ein Vermächtnis des Amtsphysikus Zeller von 2000 Fl.

Roller wollte aber die private Fürsorge für die Geisteskranken draußen nicht allein auf ihre materielle Unterstützung beschränkt wissen, er war bestrebt, auch die geistige Fürsorge zu fördern durch Belehrung des Publikums über den Schutz und die Hilfe, die der Entlassene draußen, besonders in der ersten Zeit, benötigt.

Im Jahr 1872 wurde auf Anregung des Direktors *Franz Fischer*-Pforzheim der *Roller*sche Gedanke wieder aufgenommen in der Form der längst geplanten Organisation für das ganze Land. Dazu hatte vor allem das erfolgreiche Vorgehen außerhalb Badens, besonders des Direktors *Ludwig*-Heppenheim, ermutigt. Die Anstaltsdirektionen Illenau und Pforzheim erließen im Jahr 1872 einen gemeinsamen Aufruf, in dem als Zweck des Vereines die geistige und leibliche Fürsorge für die Entlassenen bezeichnet wurde, um ihre Rückkehr in die bürgerliche Gesellschaft zu erleichtern und sie vor Rückfällen zu schützen. Die Gründung des Hilfsvereines erschien damals

„Es ist gut auf den Herrn vertrauen"

Kollar.

besonders geboten, da die Anstalten durch den Raummangel sehr bedrängt waren, und die Zuweisung einer größeren Zahl von Pfleglingen an die lokale Versorgung als einziger Ausweg erschien. In rascher Folge bildete sich eine Reihe von Bezirksvereinen in Amtsstädten. Wo dies nicht der Fall war, wurde die Fürsorge für entlassene Geisteskranke von schon bestehenden Wohltätigkeitsorganen als weiterer Zweig der Tätigkeit aufgenommen. Der Hilfsverein konnte sich zunächst nur mit Geldmitteln nützlich erweisen. Das Institut der Vertrauensmänner sollte organisiert werden. Die Bemühungen der Anstaltsdirektionen Illenau und Pforzheim hatten jedoch nicht den erhofften Erfolg. Die Ungunst der Verhältnisse kurz nach dem Kriege 1870/71 mit seinen gewaltigen Ansprüchen an die Opferwilligkeit des Volkes hinderten das Eindringen der hochherzigen Ideen ins Publikum und damit auch den Ausbau im Großen. Das Unternehmen blieb bei kleinen Anfängen stehen. Mitte der 1880er Jahre hatte der Verein nur noch wenige Mitglieder. Besonders vermochte das Institut der Vertrauensmänner keinen Boden zu fassen.

Seither wurde immer dringlicher der Mangel einer durchgreifenden Organisation empfunden, um den Kranken nicht nur durch Geldunterstützungen sondern auch durch persönliche Fürsorge helfend und ratend beizuspringen. Auf einer Direktoren-Konferenz im Jahre 1903 wurde die Wiederaufnahme endgiltig beschlossen. Um das Wiedererwachen des Hilfsvereines hat sich besonders Med.-Rat Dr. *Fischer*-Wiesloch (jetzt Berlin-Dahlem) durch seine literarischen Veröffentlichungen verdient gemacht.

1904 erließen die Direktoren der Heil- und Pflegeanstalten und der Kliniken einen Aufruf zur Mitarbeit und zum Beitritt in den Verein. Nach dem Aufruf soll der Verein die schwere Not, in die viele Kranke nach der Entlassung aus der Anstalt geraten, lindern und ihnen wieder zu einer ihren Kräften angemessenen Beschäftigung verhelfen. Auch sollen die Familien Kranker unterstützt werden.

Die Vorarbeiten, darunter an erster Stelle der Entwurf der Satzungen, wurden rasch gefördert, so daß auf Ende Mai 1906 die konstituierende Versammlung nach Karlsruhe einberufen werden konnte. An dieser nahmen außer den Ärzten der Anstalten und Kliniken des Landes, Vertreter der Regierung, der Landstände und der verschiedenen karitativen Vereinigungen teil. Den Vorsitz führte der um die Reorganisation des Hilfsvereines hochverdiente Direktor der Anstalt Illenau, Geh. Rat *Schüle*. Med.-Rat Dr. *Barbo*-Pforzheim erstattete den einleitenden Vortrag, worauf die Satzungen festgelegt wurden. Bei diesen organisatorischen Arbeiten erfreuten sich die Direktoren der Anstalten und Kliniken der dankenswerten Mitarbeit von Oberamtsrichter Dr. *Levis*-Pforzheim und der um die badische Irrenfürsorge hochverdiente Referent, Ministerialdirektor Geh. Rat Dr. *Glockner*-Karlsruhe.

Als Zweck des Vereins bezeichnen die Satzungen, das Wohl der Geisteskranken in Ergänzung der öffentlichen und privaten Irrenfürsorde zu fördern und das Verständnis der Geisteskrankheiten im Volke zu verbreiten. In Erfüllung dieses Zweckes will der Verein:

1. die aus den Anstalten entlassenen Kranken mit Rat und Tat unterstützen, um ihnen die Rückkehr in ihre gewohnte Umgebung zu erleichtern und sie vor Rückfällen und vor einer Krankheitsverschlimmerung zu bewahren, wie sie namentlich durch häusliche Schwierigkeiten leicht veranlaßt werden;

2. den Familien armer Kranker während des Anstaltsaufenthaltes ihrer erwerbsfähigen Angehörigen Beistand leisten;

3. durch volkstümliche Belehrung über die Natur der geistigen Erkrankungen und über die Behandlung Geistesgestörter die Bevölkerung aufklären und zur angemessenen Pflege von Geisteskranken befähigen.

Die Organe des Vereins sind: Der Vorstand, der Ausschuß und die Mitgliederversammlung.

Der Vorstand, der seinen Sitz in Illenau hat, setzt sich zusammen aus dem Direktor als Vorsitzenden, den etatmäßigen Anstaltsärzten, den Anstaltspfarrern und dem Verwalter, alle in Illenau.

Dem Ausschuß gehören an: Die Mitglieder des Vorstandes, die übrigen Direktoren, Ärzte und Verwalter der badischen Heil- und Pflegeanstalten und der psychiatrischen Kliniken, der zuständige Medizinalreferent im Ministerium des Innern und mindestens sechs von der Mitgliederversammlung zu wählende Mitglieder.

Der Verein wendet darnach in erster Reihe seine Fürsorge den Entlassenen bezw. den zur Entlassung kommenden Patienten zu. Diese sind auch zweifellos der Fürsorge am bedürftigsten. Daneben verdienen besonders Anrecht auf Mitleid und Unterstützung die Familien, die durch die Krankheit des Ernährers in Not geraten sind.

Zur Durchführung seiner weit verzweigten Aufgabe bedarf der Verein der Mithilfe von Vertrauensleuten. Die Gewinnung solcher war nun eine ernste Sorge. Nach den Satzungen soll in jedem Amtsbezirk eine geeignete Anzahl aufgestellt sein; es fällt ihnen die Aufgabe zu, über das geistige Wohl der ihrer Obsorge anvertrauten Kranken zu wachen, Auszahlungen zu vermitteln, Erkundigungen über Familien- und Erwerbsverhältnisse der Kranken einzuziehen, Beiträge zu erheben u. a. Auch sollen sie die Anstalten und Kliniken in der Gewinnung von brauchbarem Pflegepersonal unterstützen.

Nach der Konstituierung konnte der Hilfsverein an die Lösung seiner Aufgaben herantreten. Eine finanzielle Grundlage besaß er in den Restbeständen des alten zu Pforzheim verwalteten Hilfsvereines, die in bar rund 2700 Mk. und in Wertpapieren 1400 Mk. betrugen. Vor allem galt es, den Verein in der Öffentlichkeit bekannt zu machen, Interesse für ihn zu wecken und Mitglieder zu werben. Wir begegneten hier großen Schwierigkeiten. Wieder ein Verein! Viele billgten unsere Bestrebungen, meinten aber, die Verwirklichung unserer Ziele möge man dem Staate oder der öffentlichen Armenfürsorge überlassen. Der Aufruf hatte im Anfang nur einen geringen Erfolg. Erst mit der wachsenden Erkenntnis von der Nützlichkeit der Organisation wuchs allmählich die Zahl der Mitglieder. Wir ließen in der Propaganda nicht nach. Ende 1906 war die Zahl der Mitglieder auf 1931 angewachsen — 1838 Privatpersonen, 93 Gemeinden—. Das Vereinsvermögen hatte die Höhe von 9000 Mk. erreicht. Und der Ausschuß konnte im Dezember 1906 zum erstenmal den Anstalten und Kliniken größere Beträge zu Unterstützungszwecken zuweisen. Illenau, das über reiche Stiftungsmittel zu diesem Zweck verfügte, konnte bis zur Entwertung des Stiftungsvermögens durch die Inflation auf Zuwendungen zu Gunsten der andern Anstalten verzichten. Von Anfang an durfte sich der Verein des besonderen Interesses der Mitglieder des Großherzoglichen Hauses sowie der Regierung erfreuen. Vom Jahre 1908 an bewilligte das Ministerium dem Verein einen jährlichen Staatszuschuß von 1000 Mk., der vom Jahr 1924 an auf 4000 Mk. erhöht wurde.

Zu Beginn des Jahres 1907 wurden die Arbeiten zur Gewinnung von Vertrauensmännern, deren Aufgaben wir in großen Umrissen schon oben gezeichnet haben, eingeleitet. Auch hier wurden wir von der Regierung, die den Amtsvorständen empfohlen hatte, die Bestrebungen des Vereinse in jeder Hinsicht zu fördern, unterstützt. In einem Rundschreiben, in dem die Pflichten der Vertrauensmänner erläutert waren, wurden die Amtsvorstände ersucht, uns geeignete Persönlichkeiten in den Bezirken zu bezeichnen. So wurde die Arbeit rasch gefördert. Bis Jahresschluß war ein nahezu lückenloses Netz von Vertrauensmännern über das Land ausgebreitet, die sich aus allen Berufskreisen zusammensetzen. Die stattliche Zahl von 700 war erreicht. Die Werbung von Mitgliedern wurde mit Erfolg weiterbetrieben. Vorträge von Professor Dr. *Hoche* in Freiburg und von Med.-Rat *Barbo* in Pforzheim führten uns in diesen Städten viele Mitglieder zu. In der ordentlichen Ausschußsitzung im Dezember 1907 konnte der Vorsitzende einen in jeder Beziehung günstigen Bericht über den Fortgang der Arbeit erstatten. Das Vereinsvermögen war auf 13650 Mk. angewachsen. Dieser Tagung lag auch der Entwurf der Anleitung zur Geschäftsführung für die Vertrauensmänner zur Beschlußfassung vor, der mit wenigen Änderungen angenommen wurde. Die Anleitung enthält einen allgemeinen Teil, der die Organisation der Vertrauensmänner und den Geschäftsgang im allgemeinen regelt, und einen besondern, der ihre Tätigkeit bei der Aufnahme eines Erkrankten in die Anstalt, für die Zeit des Aufenthaltes daselbst, sowie vor und nach der Entlassung und weiter ihre Mitwirkung bei den allgemeinen Aufgaben des Hilfvereines behandelt.

Im Jahr 1908 überschritt die Mitgliederzahl das dritte Tausend. Zur Gewinnung weiterer Mitglieder und zur Belehrung der Vertrauensmänner hielten Vorträge: Geh. Hofrat *Hoche* in Karlsruhe, Geh. Rat *Schüle* in Offenburg und Lahr und Med.-Rat *Fischer* in Wiesloch. Verschiedentlich besuchten auch die Vertrauensleute zum Zwecke der Information die Anstalten. Ende 1908 war das Soll der Mitgliederbeiträge auf 8000 Mk. gestiegen und das Vermögen auf 20 700 Mk.

Auch im Jahre 1909 hatten Vorträge von Med.-Rat *Oster* in Baden, Direktor *Haardt* in Emmendingen und Direktor *Fischer* in Karlsruhe, Heidelberg und Mannheim für den Beitritt von Mitgliedern einen guten Erfolg. Die Jahresausschußsitzung fand im November in Illenau statt und anschließend die Mitgliederversammlung, die nach den Statuten alle drei Jahre zu berufen ist. Als finanzielles Ergebnis konnte der Vorsitzende feststellen, daß in den Jahren 1904/1909 rund 10 000 Mk. zur Verwendung kamen, daß der Reservefond 26 300 Mk. betrage und künftig im Jahr 10 000 Mk. zur Verausgabung vorgesehen seien. Die Mitgliederversammlung nahm einige Änderungen der Satzungen vor und wählte 16 Mitglieder in den Ausschuß. Med.-Rat Dr. *Oster* sprach über den Transport Geisteskranker durch die Mitglieder der freiwilligen Sanitätskolonne.

In den Jahren 1910/1913 wurde die Tätigkeit auf die Werbung neuer Mitglieder und den Ausbau der Organisation der Vertrauensleute beschränkt. Der Mitgliederstand erhöhte sich nur noch mäßig. Zwei Ausschußmitglieder, die sich um die Gewinnung von Vertrauensleuten in Mannheim verdient machten, möchten wir besonders erwähnen; es sind dies die Nervenärzte Dr. *Friedmann* und Dr. *Mann.*

Im Jahr 1910 wurde der erste Rechenschaftsbericht in 7000 Exemplaren gedruckt und den Mitgliedern zugestellt. Ein großer Teil wurde auch zu Werbezwecken verwendet.

Die zweite Mitgliederversammlung fand am 27. September 1913 in der Anstalt Wiesloch statt. Nach einem Vortrag des Direktors *Fischer* über die Anstalt Wiesloch wurden der Rechenschaftsbericht erstattet und einige Satzungsänderungen vorgenommen. Ein Vortrag von Med.-Rat *Thoma*-Illenau über »Schutz vor gemeingefährlichen Geisteskranken« schloß die Tagung. Nach einem Beschluß dieser Versammlung sollte in der Folge das Augenmerk hauptsächlich auf die Gewinnung von Korporationen (Gemeinde, Kreis usw.) gerichtet sein, da von den 1500 Gemeinden des Landes erst 300 dem Verein angehörten. Haben doch diese gerade den größten Nutzen von einer ersprießlichen Tätigkeit des Vereines.

Von 721 zum Beitritt aufgeforderten Gemeinden — wir hatten an die mit über 600 Einwohnern unsere Zirkulare versandt — traten 263 dem Verein bei. Die Einnahmen erhöhten sich dadurch um 1525 Mk.

Während der Kriegsjahre beschränkte sich die Tätigkeit des Vereines auf den Einzug der Mitgliederbeiträge, auf die Zuwendungen an die Anstalten und Kliniken und die Verteilung der Unterstützungen durch diese.

Auch die Nachkriegszeit war für unsere Bestrebungen sehr ungünstig. An das Werben neuer Mitglieder war nicht zu denken. Die Zahl der Mitglieder nahm ständig ab, nur wenige erklärten offiziell ihren Austritt, die meisten verweigerten den Mitgliederbeitrag und waren auch in den folgenden Jahren nicht mehr zur Beitragsleistung zu bewegen. Dann kam die Inflation und nahm dem Verein sein Vermögen, das in jahrelanger Arbeit erworben war. Es bestand in einer Schuldbuchforderung von 41 400 Mk., Kriegsanleihen im Nennwert von 32 800 Mk., Sparkassenguthaben von 13 300 Mk. und Schuldverschreibungen im Nennwert von 3200 Mk. zusammen 90 700 Mk. Im Jahr 1919 und 1925 fanden Ausschußsitzungen statt; bei der letzteren referierte der Medizinalreferent Obermedizinalrat Dr. *Roemer* über die Versammlung der Vertreter der Hilfsvereine und der offenen Fürsorge in Kassel.

Im November 1926 wurde in der Anstalt Emmendingen die dritte Mitgliederversammlung abgehalten, an der etwa 100 Mitglieder teilnahmen. Direktor *Fischer*-Wiesloch referierte über den Stand der deutschen Hilfsvereine, Obermedizinalrat *Roemer*-Karlsruhe sprach über die Einrichtung der offenen Fürsorge für Geisteskranke und Dr. *Herzog*-Wiesloch über seine Erfahrungen in der Mannheimer Fürsorge.

Zwei wichtige Satzungsänderungen wurden beschlossen. Der Vorstand besteht künftig aus dem Direktor und den beiden ältesten Oberärzten der Anstalt Illenau. Die Bezeichnung des Vereines wird abgeändert in »Hilfsverein für Geisteskranke in Baden«. Veranlassung zur ersten Änderung gab der Umstand, daß der Hilfsverein im Vereinsregister eingetragen ist und bei jeder Änderung im Vorstand der gesamte Vorstand beim Amtsgericht persönlich eine Erklärung abgeben mußte, was bei der großen Anzahl von Vorstandsmitgliedern immer gewisse Schwierigkeiten bot. Der Antrag zur Änderung der Bezeichnung des Vereines war von der Anstalt Wiesloch gestellt, da die Fürsorge des Vereines allen Geisteskranken, nicht nur den entlassenen, gilt.

Dem Vorstand gehören z. Zt. an: Medizinalrat Direktor Dr.

Thoma als Vorsitzender, Medizinalrat Dr. *Hoffer* und Medizinalrat Dr. *Weisenhorn*, alle in Illenau.

Dem Ausschuß gehören an: Die Mitglieder des Vorstandes, die übrigen Direktoren, Ärzte, Pfarrer, Oberrechnungsräte bzw. Sekretäre der badischen Heil- und Pflegeanstalten und psychiatrischen Kliniken, der zuständige Medizinalreferent im Ministerium des Innern und 19 von der Mitgliederversammlung gewählte Mitglieder.

Die Mitgliederzahl beträgt: 1500.

Welche gewaltigen finanziellen Leistungen der Hilfsverein in den Jahren 1906/1927 vollbracht hat, zeigt die Übersicht über die Einnahmen und Ausgaben.

Einnahmen:	Staatszuschuß	31 150 Mk.
	Mitgliederbeiträge	156 428 „
	Zinsen aus Vermögensanlagen	31 749 „
	Einmalige Zuwendungen	4 736 „
	Summe der Einnahmen	224 063 Mk.

Ausgaben: Zuwendungen an die Anstalten und Kliniken zur Verteilung an die Kranken.

Emmendingen	23 831 Mk.	
Wiesloch	39 058 „	
Illenau	12 436 „	
Pforzheim	5 279 „	
Konstanz	5 680 „	
Heidelberg	17 418 „	
Freiburg	18 018 „	121 720 Mk.
durch die Vertrauensleute verteilt		2 775 „
Verwaltungskosten		9 364 „
Summe der Ausgaben		133 859 Mk.

Die Jahre 1922 und 1923 sind in dieser Übersicht nicht berücksichtigt.

Die Reorganisation des Vereines im Jahr 1906 war der Initiative des Direktors der Anstalt Illenau, Geh. Rat *Schüle* zu verdanken. Dem Ausbau widmete er, tatkräftig unterstützt von Gleichgesinnten, seine Kraft und war stolz auf sein Werk, als der Verein seinen Höhepunkt bezüglich der Mitgliederzahl und der Mitgliederbeiträge erreicht hatte und ein lückenloses Netz von Vertrauensleuten über das ganze Land ausgebreitet war. *Schüle* ist der zweite Gründer des Hilfsvereines. Unsere Aufgabe aber muß es sein, das im Krieg und in der Nachkriegszeit Verlorene zurückzugewinnen und dafür zu sorgen, daß der Verein wieder festere Wurzeln im Volke fasse zum Wohle der leidenden Menschheit!

Illenau, im April 1928.

Nachtrag.

Von Direktor Dr. **Roemer**, Illenau.

Die in der Mitgliederversammlung im November 1926 in den Ausschuß gewählten Persönlichkeiten haben inzwischen die Wahl angenommen. Es waren dies:

Geheimrat *Hepting*, Landeskommissär in Mannheim.
Geheimrat *Gräser*, Landeskommissär in Karlsruhe.
Geheimrat Dr. *Schneider*, Landeskommissär in Freiburg.
Geheimrat *Föhrenbach*, Landeskommissär in Konstanz.
Bürgermeister Dr. *Gugelmeier* in Lörrach als Vertreter der Kreise.
Oberbürgermeister Dr. *Finter* in Karlsruhe als Vertreter der badischen Städte.
Landrat *Schaible* in Konstanz als Vertreter der ländlichen Fürsorgeverbände.
Präsident Dr. *Jung* in Karlsruhe für die Landesversicherungsanstalt Baden.
Ministerialdirektor Dr. *Fuchs* in Karlsruhe für den Bad. Landesverband gegen den Alkoholismus.
Obermedizinalrat Professor Dr. *Gregor* in Flehingen, Referent im Badischen Justizministerium für das Fürsorgeerziehungswesen.
Päpstlicher Hausprälat Dr. *Kreutz* in Freiburg, Vorsitzender des Deutschen Caritasverbandes.
Oberlandeskirchenrat Dr. *E. I. Schultz* in Karlsruhe für die evangelische innere Mission.
Frau *Elsaß* in Karlsruhe für die israelitische Wohlfahrtspflege.
Landtagsabgeordneter *Ziegelmeier* in Konstanz.
Landtagsabgeordneter *Graf* in Pforzheim.
Frau Landtagsabgeordnete *Klara Siebert* in Karlsruhe.
Medizinalrat Dr. *Moog* in Bühl für den Staatsärztlichen Verein.
Nervenarzt Dr. *Neumann* in Karlsruhe für die Karlsruher Ortsgruppe des Hilfsvereins.
Dr. *Velz*, Vorstand der Wohlfahrtspflege in Singen a. H.

Der Vorsitz des Hilfsvereins, der satzungsgemäß mit der Direktion der Heil- und Pflegeanstalt Illenau verbunden ist, ging zu Beginn des Jahres 1929 von Medizinalrat Dr. *Thoma*, dem der Hilfsverein für seine treue Arbeit zu dauernder Dankbarkeit verpflichtet bleibt, auf dessen Dienstnachfolger, Direktor Dr. *Roemer* über.

Ein Bild von den gegenwärtigen Leistungen des Hilfsvereins ergibt sich aus folgender

Rechnungsübersicht
für 1. April 1928/1929.

Einnahmen:

Kassenvorrat am 1. April 1929	3 080,46 RM
Mitgliedsbeiträge	5 793,15 RM
Staatsbeitrag	4 000,— RM
Soziale Wohlfahrtsrente	1 126,35 RM
Zinsen	116,27 RM
	14 116,23 RM

Ausgaben:

Zuwendung an die Anstalten Wiesloch, Emmendingen, Illenau und bei Konstanz, sowie Fürsorge Mannheim und Karlsruhe und die beiden Kliniken Heidelberg und Freiburg	10 600,65 RM
Anlage bei der Sparkasse	1 719,42 RM
Justizgefälle und Impressen	75,75 RM
Kapitalertragsteuer........................	11,25 RM
Porto für Anfordern der Mitgliedsbeiträge..	129,60 RM
Rechnervergütung	100,— RM
Ausgaben	12 636,67 RM
Einnahmen	14 116,23 RM
Kassenvorrat an künftige Rechnung	1 479,56 RM

NB. Die Mitgliedsbeiträge sind für das Rechnungsjahr 1929/30 in entsprechender Weise wie im Vorjahre eingegangen. Außerdem verdanken wir der Landesversicherungsanstalt Baden neuerdings einen Jahresbeitrag von 100,— RM.

Schließlich sei noch erwähnt, daß der Hilfsverein sich neuestens der Arbeitsgemeinschaft Badischer Gesundheits-Fürsorgeverbände angeschlossen hat, welche aus folgenden sechs sozialhygienischen Landesverbänden besteht: Landesverband für Säuglings- und Kleinkinderfürsorge, L. V. zur Bekämpfung der Tuberkulose, L. V. zur Bekämpfung der Geschlechtskrankheiten, L. V. gegen den Alkoholismus, L. V. zur Bekämpfung des Krebses, Landeskrüppelfürsorgeverein. Der Hilfsverein hat sich im Zusammenhang hiermit an der Errichtung des »Hauses der Gesundheit« in Karlsruhe beteiligt, das die Arbeitsgemeinschaft zusammen mit der Badischen Gesellschaft für soziale Hygiene und der Landesversicherungsanstalt Baden errichtet und am 17. März 1930 eröffnet hat. Der Hilfsverein erhält hierbei gegen eine jährliche Miete zwei geräumige Ausstellungskojen in der Gesundheitsfürsorgeausstellung, die von den erwähnten Körperschaften im Hause der Gesundheit zur fachlichen Ausbildung aller an der Gesundheitsfürsorge mitwirkenden Kräfte und zur hygienischen Belehrung der Bevölkerung unterhalten wird. Ferner stehen ihm die allgemeinen Räume des Hauses für Sitzungen, Versammlungen, Fortbildungskurse usw. zur Verfügung. Außerdem hat der Verein die Möglichkeit, sich im nächsten Winter an der sozialhygienischen Wanderausstellung der Arbeitsgemeinschaft »Wege zur Gesundheit« zu beteiligen. Es steht zu erwarten, daß der Hilfsverein seine satzungsgemäße Aufgabe hinsichtlich der psychiatrischen Aufklärungsarbeit auf diese Weise noch wirksamer als bisher erfüllen kann, indem er die Einrichtungen der öffentlichen Irrenfürsorge, den Betrieb der Heilanstalten und die vorbeugende Bekämpfung der Geisteskrankheiten und seelischen Abwegigkeiten der Bevölkerung näherbringt und sich zugleich der privaten Gesundheitsfürsorge und Wohlfahrtspflege eingliedert.

Der St. Johannes-Verein zur allgemeinen Irrenfürsorge von Westfalen.

Von

Provinzial-Obermedizinalrat Dr. **Schulte**, Niedermarsberg.

Der St. Johannes-Verein zur allgemeinen Irrenfürsorge von Westfalen zu Niedermarsberg wurde am 28. Mai 1872 gegründet. Anläßlich der Einweihungsfeier der neuerbauten Kirche der Provinzialheilanstalt Marsberg führte der damalige Direktor, Sanitätsrat Dr. *Koster*, in seiner Festrede aus, wie notwendig es sei, psychiatrische Aufklärungsarbeit zu leisten, richtige Anschauungen über Geisteskranke und die dafür bestimmten Anstalten zu verbreiten und hilfsbedürftige Geisteskranke, namentlich aus den Anstalten entlassene Kranke zu unterstützen und für Schwachsinnige und Epileptische Sorge zu tragen. Die Beamten der Anstalt hätten sich daher entschlossen, zu diesem Zwecke einen Verein zu gründen. Dr. *Koster* forderte gleichzeitig zum Beitritt und zur Mithilfe auf. Unter allgemeiner Zustimmung und Billigung wurde dann der Verein gegründet, der nach dem Namen des Patrones der eben eingeweihten Kirche den Namen St. Johannes-Verein zur allgemeinen Irrenfürsorge von Westfalen zu Niedermarsberg annahm.

Bemerkt sei hier, daß der Verein kein konfessioneller ist. *Koster* selbst beantwortete diesbezügliche Anfragen dahin, »daß unsererseits keineswegs beabsichtigt ist, dem St. Johannes-Verein einen konfessionellen Charakter zu geben und daß sich die Fürsorge des Vereins auf alle Kranke ohne Unterschied der Konfession erstrecken soll«.

Von den Festteilnehmern traten 42 als Mitglieder sofort bei, u. a. auch Exzellenz *von Kühlwetter*, der damalige Oberpräsident der Provinz Westfalen, und Dr. *Freusberg*, der damalige Weihbischof von Paderborn. Den provisorischen Vorstand bildeten die Beamten der Anstalt, aus deren Mitte der Direktor, Sanitätsrat Dr. *Koster*, zum Vorsitzenden gewählt wurde. Nunmehr galt es vor allem, die Öffentlichkeit mit den Zielen des Vereins bekannt zu machen und Mitglieder zu werben. Zu diesem Zwecke wurde ein Aufruf zum Eintritt in den Verein ausgearbeitet und vornehmlich in den westfälischen Tageszeitungen veröffentlicht. Auch wurde der Aufruf nebst Mitgliederliste unter Kreuzband an die Landräte, Bürgermeister und Amtmänner, an die Ärzte und die Geistlichkeit beider Konfessionen der Provinz und an verschiedene einzelne Persönlichkeiten verschickt. Der Aufruf erschien im Jahre 1873. Er bietet ein gewisses kulturhistorisches Interesse, zumal er auch Anregungen und Anklänge im Sinne der heutigen Bewegung für geistige Hygiene enthält. Der Aufruf lautet: »Die letzte Volkszählung hat für Westfalen 4558 Blöd- und Irrsinnige ergeben. Für die zirka 1000 in Anstalten Untergebrachten ist gesorgt, nicht so für einen großen Teil der Übrigen. Die Hilflosesten unter diesen sind die blödsinnig Geborenen. Das Schicksal dieser Kranken ist großenteils ein höchst trauriges; zurückgewiesen von den gewöhnlichen Kranken- und Versorgungshäusern, wie von den Irrenanstalten, gemieden von ihrer Umgebung im gewöhnlichen Leben, häufig verhöhnt und verspottet, sinken sie in geistiger Beziehung immer mehr oder verfallen ihren krankhaften Trieben, werden mißkannt, nicht selten verurteilt, bestraft und sind häufig stetige Bewohner der Zucht- und Korrektionshäuser, und dennoch können diese Verlassenen durch eine geeignete Fürsorge gerettet und, wenn auch nicht zu vollsinnigen Menschen, doch großenteils zu brauchbaren, oder wenigstens menschenwürdigen Mitgliedern der menschlichen Gesellschaft erzogen werden.

Eine ausreichende Fürsorge für diese Kranken fehlt aber bis jetzt in Westfalen.

In gleicher Weise fehlt es an einer hinreichenden Hilfe für die Epileptischen, sowohl die geistig kranken, als die geistig gesunden.

Eine fernere Fürsorge tut not für die aus den bestehenden Irrenanstalten Entlassenen, seien sie nun geheilt, oder nur gebessert, oder aber ungeheilt. In vielen Fällen ist eine Fürsorge gewiß nicht nötig und die Angehörigen oder Gemeinden treten mit helfender Hand ein für die dem Leben Wiedergegebenen; in anderen Fällen jedoch stehen die Entlassenen hilflos, ohne Mittel, ohne passendes Unterkommen und leider oft dem Spott, roher, liebloser Behandlung preisgegeben, da; Not, Elend und Rückfall in die kaum überstandene Krankheit, Rückkehr in die kaum verlassene Anstalt sind dann die unausbleibliche Folge davon; hier tut Hilfe not, Unterstützung mit Geld, Kleidung, Sorge für ein passendes Unterkommen, Schutz und Leitung durch wohlwollende, am Heimatsorte wohnende Menschen.

Nicht minder nötig erscheint außerdem eine Bekämpfung der noch vielfach herrschenden Vorurteile, eine Verbreitung richtiger Anschauungen über Geisteskranke und Irrenanstalten, sowie eine Belehrung über die Ursachen des Irrsinns, zur Verhütung der Ausbreitung dieser, wie es scheint, immer allgemeiner um sich greifenden Krankheitszustände.

Die Unterzeichneten, deren amtliche Stellung ihnen seit Jahren das Bedürfnis der Erfüllung obiger Aufgaben täglich vor Augen rückt, ohne aus eigenen Kräften demselben genügen zu können, sind nun zusammengetreten und haben einen Verein gegründet, dem, wie wir mit Genugtuung erwähnen, bereits viele und hochgestellte Männer der Provinz beigetreten sind, um die obigen Zwecke ihrer Erreichung näher zu bringen.

Wir laden alle Menschenfreunde — Männer und Frauen — alle diejenigen, denen das Wohl der Hilfsbedürftigsten ihrer Mitbrüder und Mitschwestern, denen das Wohl der Provinz überhaupt am Herzen liegt, ein, dem Vereine beizutreten.

Wir rufen ihnen im Namen jener Unglücklichen und Vergessenen zu:

Hier ist eine Aufgabe für Eure Barmherzigkeit, hier ist ein Acker, der tausendfältige gute Früchte bringt, hier helfet mit Rat und Tat und mit dem Euch beschiedenen Überflusse!

Möchten denn Viele, möchten Alle unserem Rufe ihr Ohr und Herz öffnen! [1])

Marsberg, im November 1873.

Der provisorische Vorstand des St. Johannes-Vereins.

Unterzeichnet ist dieser Aufruf von Herren, welche sich auch weiterhin große Verdienste um den Verein erworben haben und zwar von dem Direktor der Provinzialheilanstalt Marsberg, Sanitätsrat Dr. *Koster* als Vorsitzenden; Kaplan *Jul. Krieger*, Schriftführer; Rechnungsführer *Röhling*, Rendant; Dr. *Rubarth*, Dr. *H. Gerlach* und Ökonom *Münster*.

Am 29. Juli 1882 wurden dem Vereine nach sehr weitläufigen Verhandlungen durch allerhöchste Ordre Korporationsrechte verliehen.

Der Verein verfolgt nach seinen bisherigen Satzungen den Zweck:

1. Hilfsbedürftige Geisteskranke, insbesondere die aus den Irren-Anstalten entlassenen, zu unterstützen;

2. richtige Anschauungen über Geisteskranke und Anstalten für Geisteskranke zu verbreiten und die herrschenden Vorurteile zu bekämpfen;

3. Anstalten für Schwachsinnige und Epileptiker zu gründen.

---

[1]) Der jährliche Beitrag beträgt mindestens 10 Sgr.; eine einmalige Einzahlung von mindestens 10 Thlr. berechtigt zur Mitgliedschaft auf Lebenszeit. — Anmeldungen zum Beitritt nimmt jedes der unterzeichneten Vorstandsmitglieder entgegen. Beiträge der Rendant *Röhling*. — Alle diejenigen, die sich für diese Sache interessieren, insbesondere die Herren Geistlichen werden gebeten, ebenfalls Beitrittserklärungen und Gelder entgegenzunehmen und sie gefälligst zu übermitteln.

Die Tätigkeit des Vereins erstreckte sich in den ersten Jahren seines Bestehens hauptsächlich auf die unter 1 und 2 genannten Punkte. Insbesondere nahm er sich Hand in Hand mit den Behörden und mit den in den einzelnen Ortschaften angestellten Vertrauensmännern der geheilt oder gebessert aus der Anstalt entlassenen Patienten an, unterstützte Hilfsbedürftige durch Rat und Tat, sorgte für ein passendes Unterkommen und förderte die Rückkehr derselben durch geeignete Maßregeln. Fortgesetzt trug der Verein Sorge, daß solche Kranke, die entweder keine Familie oder sonstiges Heim hatten, oder aber der Verhältnisse wegen nicht zu ihrer Familie zurückkehren konnten, ein anderweitiges geeignetes Unterkommen fanden. Durch entsprechende Aufsicht und Leitung, Unterstützung mit Geld, Kleidern, Werkzeugen und anderen Hilfsmitteln suchte der Verein das Los der hilfsbedürftigen, aus der Anstalt entlassenen Geisteskranken zu lindern. Viele Hundert seien es, heißt es in einem Bericht 1875, welche dieser Hilfe bedürften. Wenn der Kranke aus vornehmer oder wohlhabender Familie aus der Anstalt zurückkehre, so werde ihm von den Seinigen alle mögliche Rücksicht geschenkt, es werde alles fern gehalten, was ihm unangenehm und beschwerlich sein könnte. Jedoch gebe es auch Kranke aus besseren Ständen, welche in der Welt allein seien und der Leitung und Führung dringend bedürften. Auch der arme Kranke sei erfreut, wenn er neu gestärkt an Leib und Seele aus der Anstalt in die Heimat wiederkehre. Aber nicht selten warteten seiner zu Hause die alten Sorgen und Leiden. Er müsse sich mehr anstrengen, als für ihn zuträglich sei. Oft auch fehle es ihm an passender Arbeit, man schäme sich seiner und scheue sich vor ihm oder verspotte ihn gar, weil er früher im Beginn der Krankheit allerlei Auffallendes und selbst Gefährliches unternommen habe. Er aber gräme sich, hungere und greife zum Schnapsglase und schon bald wieder sei er geisteskrank und zwar in noch höherem Grade und mit weniger Aussicht auf Heilung als früher. Ähnlich sei es mit vielen Kranken, die aus verschiedenen Gründen überhaupt nicht in einer Anstalt gewesen seien. Allen diesen könne geholfen werden, wenn die Hilfe nur zur rechten Zeit und in der rechten Weise komme, und diese rechtzeitige und geeignete Hilfe vermittele der Verein. Das Mißtrauen der Welt gegen geheilt aus der Anstalt entlassene Kranke sei ein unberechtigtes, so heißt es an einer anderen Stelle, gleichwohl bestehe es leider noch zu viel und die Angehörigen der Patienten ständen offenbar häufig unter dem lähmenden Einfluß desselben. In keinem Falle aber dürften derartige Erwägungen, wie verbreitet sie auch seien, die Angehörigen abhalten, rechtzeitig diejenige Hilfe für den Kranken in Anspruch zu nehmen, die am ehesten und oft einzig und allein Rettung für sie bringen könne.

Der Erfolg, die Tatsachen bewiesen es nach erfolgter Entlassung und hätten es in tausenden von Fällen bewiesen: seien die häuslichen Verhältnisse in richtiger Weise geordet, komme man den Zurückgekehrten mit Vertrauen und Liebe entgegen, überbürde man sie nicht sofort mit Arbeit und Sorgen, frage man sie nicht allzu häufig nach ihrer Vergangenheit aus, so füllten sie ihre vorige Lebensstellung vollständig und oft besser wie vorher aus und nach kurzer Zeit sei die schwere und verhängnisvolle Zeit, die sie durchgemacht hätten, in der Erinnerung aller verwischt. Man müsse bedenken, daß eine Geisteskrankheit in den weitaus meisten Fällen ohne Verschulden der Betreffenden eintrete, und daß es Dinge und Verhältnisse im menschlichen Leben gebe, auf die man das Wort anwenden könne: »Wer durch sie nicht den Verstand verliert, der hat keinen zu verlieren«, und daß es in keinem Falle ein Makel sei, in Geisteskrankheit verfallen zu sein. Sehr häufig sei nämlich die Geisteskrankheit nichts weiter als eine Entwicklungskrankheit einer gewissen Altersstufe oder aber das Ergebnis einer erblichen Anlage. Häufig sei sie gleichsam der Ausgleich und die Krise für ein von Sorgen, Kummer, Not und Elend dahingebrachtes Leben, dessen Schuld den Menschen nicht beigemessen werden könne. Immer aber sei sie nur ein Symptom eines körperlichen Leidens, eine Zerrüttung der Kräfte des Gehirns und Nervensystems, für welche der Kranke nur selten direkt verantwortlich gemacht werden könne.

In populär wissenschaftlicher Weise leistete der Verein in den an die Vereinsmitglieder und Behörden versandten Jahresberichten in der eben skizzierten Art psychiatrische Aufklärungsarbeit. Bald wurde das vielgestaltige Gebiet der Ursachen des Irreseins und der Verhütung desselben, dessen Wichtigkeit für die Gesundheit des Volkes und die sozialen Fragen berührt, bald die Notwendigkeit der frühzeitigen Anstaltsaufnahme der Geisteskranken behandelt, bald die Hindernisse der rechtzeitigen Aufnahme, bald wurde Leben und Treiben in einer Anstalt geschildert, wobei im Sinne der neuerdings von *Simon* systematisch ausgebauten Arbeitstherapie auch von *Koster* besonders betont wurde, »daß eine angemessene mäßige Beschäftigung im wahren Sinne des Wortes ein kräftiges Heilmittel für die größte Mehrzahl der Kranken sei«. Auch trat Dr. *Koster* im Jahre 1877 für die Errichtung von Trinkerasylen ein, denn nur so könne der Krankheitszustand dauernd und gründlich behoben werden. Auch unser Verein muß nach *Koster* solche Asyle nach Kräften fördern, wenn es ihm erst gelungen sei, noch dringendere Bedürfnisse ihrer Befriedigung zugeführt zu haben.

Der dritte Punkt der Wirksamkeit des Vereins, die Erweiterung und Förderung des öffentlichen Interesses für Anstalten für Schwachsinnige und Epileptische, trat anfangs bei der Unzulänglichkeit der finanziellen Mittel und, da die gehofften Unterstützungen ausblieben, mehr in den Hintergrund. Die Idee aber wurde durch den Verein hochgehalten und alsbald trotz aller Schwierigkeiten in die Tat umgesetzt, und zwar durch die Gründung der Idiotenanstalt zu Niedermarsberg. Die Gründung, der Ausbau und Betrieb der Anstalt, welche von Beginn 1907 ab den Namen St. Johannes-Stift annahm, ist das große Werk unseres Vereins. Es dürfte daher hier angebracht sein, dessen Vorgeschichte, Gründung, Ausbau und Betrieb in enger Anlehnung an die zur Verfügung stehenden Vereinsakten und Berichte kurz zu schildern.

Nach den Akten unseres Vereins war bereits im Jahre 1855 die Gründung einer Anstalt für geistesschwache Kinder geplant, also zu einer Zeit, als es in Deutschland kaum ein halbes Dutzend solcher Anstalten, sämtlich klein und wenig bekannt, in ganz Preußen sogar nur eine Anstalt, die »Heil- und Bildungsanstalt für Blödsinnige« vom Taubstummenanstaltsdirektor *Saegert* in Berlin gab. »Da entschloß sich der damalige Geistliche der Provinzial-Irrenanstalt zu Marsberg, Pastor *Eduard König*, ein hochbegabter Mann, auch in Westfalen und möglichst im Anschlusse an die Irrenanstalt zu Marsberg, damals der einzigen der Provinz, die Gründung einer Anstalt für Geistesschwache zu bewirken. Nachdem er sich durch Studium der einschlägigen Literatur vorbereitet und sich insbesondere mit dem Gründer der Kretinenanstalt zu Ecksberg in Bayern, dem Priester *Joseph Probst*, in Verbindung gesetzt hatte, reichte er im August 1858 bei den Bischöfen von Paderborn und Münster ein »Promemoria« betr. das Projekt der Gründung einer Anstalt zur Heilung resp. Besserung blödsinniger Kinder ein. In demselben heißt es: »Die Irrenanstalten nehmen die blödsinnigen Kinder nur auf zur Pflege, nicht aber zur Verfolgung des Heilzweckes. Die Kretinen (so wurden damals die Schwachsinnigen meistens genannt) sind zum größtenteil erziehungs- und bildungsfähig, so daß sie zu guten Christen herangebildet und der menschlichen Gesellschaft als brauchbare Glieder zurückgegeben werden können. Aber sich selbst überlassen, verkommen sie und verlieren das wenige an Intelligenz, womit sie von Natur begabt sind. Zu ihrer Rettung ist es notwendig, daß sie einer für den Heilungs- und Besserungszweck gut eingerichteten Anstalt überwiesen werden, in der sie Erziehung und Unterricht nebst ärztlicher Behandlung genießen. Nach einer mutmaßlichen Berechnung des Dr. *Koster*, zweiten Arztes der Irrenanstalt zu Marsberg, beläuft sich die Zahl der bildungsfähigen Blödsinnigen in Westfalen auf 300—400. Sonach muß das Bedürfnis, in Westfalen eine Erziehungsanstalt für blödsinnige Kinder zu gründen, anerkannt werden; denn wir finden ihrer mehr als taube und blinde. Sie übertreffen diese aber nicht allein an Zahl, sondern auch an Unglück, Verlassenheit und Not.«

Die Denkschrift schließt mit der Bitte an die Bischöfe, »der unglücklichen Kretinen mit oberhirtlicher und väterlicher Liebe gnädigst sich annehmen zu wollen«. — Bischof *Konrad Martin* von Paderborn antwortete hierauf alsbald: »So sehr ich auch an dem Schicksale so vieler blödsinniger Kinder Anteil nehme und Ihre liebevollen Bemühungen für dieselben anerkenne, so sehe ich mich doch außerstande, die Sorge für die Beschaffung einer Anstalt zu übernehmen. Es wird dies eine Aufgabe der Provinz sein, und wird die Aufmerksamkeit der Provinzialstände auf dieses Bedürfnis gelenkt werden müssen .... Seien Sie übrigens überzeugt, daß ich für die Erreichung des guten Zweckes gern tätig sein will, soweit mein Wort und mein Einfluß dazu etwas beitragen kann.« Auch der Bischof von Münster versicherte seine lebhafte Teilnahme und bat um Nachricht »über die weiteren Erfolge der menschenfreundlichen Bemühung«.

Am 9. Dezember 1858 richtete nun Pastor *König* einen »Antrag um Unterstützung zur Errichtung einer Bildungsanstalt für blödsinnige Kinder der Provinz Westfalen« an den Provinziallandtag zu Münster. Er wies darauf hin, daß nach einer neueren, durch die Regierungen veranlaßten Zählung über 300 blödsinnige Kinder in Westfalen seien (Münster 108, Minden 98, Arnsberg 116), und daß somit an dem Bedürfnis der Gründung von zwei derartigen Anstalten für die beiden christlichen Konfessionen nicht zu zweifeln sei. Weiter sprach er die Hoffnung aus, daß ein dazu geeigneter Orden die nötigen Pflegekräfte stellen werde, und erklärte sich bereit, in Vereinigung mit Herrn Dr. *Koster*, der sich für die Angelegenheit sehr interessiere, die Gründung und Leitung der Anstalt in die Hände zu nehmen, wenn die hohen Stände ihre Unterstützung zur ersten Einrichtung der Anstalt zusagen würden. Zugleich wandte Pastor *König* sich auch an den damaligen Oberpräsidenten der Provinz Westfalen *von Duesberg*. Leider hatten alle seine Bemühungen keinen direkten Erfolg. In der Sitzung des Landtages vom 21. Dezember 1858 wurde beschlossen, »den Antrag wegen Unterstützung pp. zur Zeit abzulehnen, da erst die konfessionelle Trennung der gegenwärtig noch vereinigten Irrenanstalten zu Marsberg abzuwarten sei«. Diese Trennung fand erst im Jahre 1864 durch Gründung der Irrenanstalt zu Lengerich statt, welche die evangelischen Geisteskranken aufnahm, während die Anstalt zu Marsberg für die katholischen Kranken bestimmt wurde. Mittlerweile hatte aber Pastor *König* Marsberg verlassen. Er war nach Amerika übergesiedelt und hat dort nicht nur segensreich in der Seelsorge gewirkt, sondern auch in Fort-Wayen eine große Irrenanstalt ins Leben gerufen.

Der Plan aber, in Marsberg eine Idiotenanstalt zu gründen, wurde durch den St. Johannes-Verein hochgehalten. Insbesondere verfolgte ihn Sanitätsrat Dr. *Koster* mit Sachkenntnis, Zähigkeit und Ausdauer weiter. Durchdrungen von der Notwendigkeit der Ausführung des seit langem gehegten Planes erwarb der Verein im

Jahre 1880 ein Anwesen mit zwei kleinen Häusern und ein daran stoßendes Grundstück von neun Morgen. Nach entsprechendem Umbau und entsprechender Einrichtung war nunmehr Platz zur Aufnahme von 20 Pfleglingen und dem nötigen Personal geschaffen. Schon früher hatte der Verein, da die Mitgliederbeiträge nicht ausreichten, durch Erwirkung einer Hauskollekte sich die nötigen Mittel zu verschaffen gesucht. Aber das Gesuch um Bewilligung einer solchen war abschlägig beschieden worden. Nunmehr aber, nachdem der Verein auf eigene Faust den Anfang gemacht und den Ankauf getätigt hatte, gewährte das Oberpräsidium der Provinz Westfalen auf ein neues Gesuch die Hauskollekte und empfahl den Kommunalbehörden die Förderung derselben aufs dringendste. Der westfälische Provinziallandtag gewährte dem Verein eine einmalige Beihilfe von 3000 Mk., eine laufende jährliche Unterstützung in derselben Höhe und ein unverzinsliches Darlehn von zunächst 5000 Mk. Und so geschah es, daß der St. Johannes-Verein neben der Fürsorge für entlassene Geisteskranke die bis dahin in der Provinz Westfalen ganz vernachlässigte Fürsorge für geistesschwache Kinder in Fluß brachte.

Am 28. Februar 1881 wurde die erste Idiotenanstalt in Westfalen durch unsern Verein eröffnet, das St. Johannes-Stift. In dem erwähnten Hause mit 20 Plätzen begannen zwei barmherzige Schwestern aus der Genossenschaft des hl. Vincenz von Paul zu Paderborn mit einem schwachsinnigen Mädchen die segensreiche Tätigkeit.

Die von dem St. Johannes-Verein gegründete Idiotenanstalt war nach § 1 der Aufnahmebedingungen zur Aufnahme der bildungsfähigen, sowie der hilfs- und aufsichtslos Geborenen, resp. in den Kinderjahren geistig Erkrankten, ohne Unterschied des Geschlechts und der Konfession im Alter von 5 bis 15 Jahren aus der Provinz Westfalen bestimmt und bezweckte, die ihr anvertrauten Kinder zu möglichst brauchbaren, wenigstens menschenwürdigen Mitgliedern der menschlichen Gesellschaft zu erziehen resp. zu pflegen. Ob auch Idioten, welche der Provinz Westfalen nicht angehörten, aufgenommen werden konnten, wurde von den Raumverhältnissen abhängig gemacht und unterlag der jedesmaligen Zustimmung des Vereinsvorstandes.

Anfangs war der Vorstand des St. Johannes-Vereins mit dem Vorstande des St. Johannes-Stiftes identisch.

Die vorhandenen Plätze reichten bei der rasch aufsteigenden Zunahmeziffer naturgemäß nicht aus. 1882 wurde daher ein inzwischen fertig gestellter Bau, der Raum für 45 Kinder bot, bezogen, das Pflegehaus VIII. Ende 1882 waren 36 Kinder untergebracht, das Personal bestand aus neun Personen. Die Notwendigkeit einer weiteren Vergrößerung war offenbar. Und nun begann der großzügige Ausbau der Anstalt, nachdem der Vereins-Vorstand einen endgültigen diesbezüglichen Plan gefaßt und derselbe durch die Generalversammlung des Vereins vom 15. Februar 1883 genehmigt war. Im Jahre 1884 wurde das Mädchenhaus VI, 1888 das Knabenhaus IV, 1890 das Ökonomie- und Werkstättengebäude X und IX, 1895 das Hauptgebäude I mit Kirche und Schulen, 1896 das Mädchenpflegehaus VII für bildungsunfähige Mädchen und das Leichenhaus XIII, 1900 das Knabenpflegehaus V, als Pendant zum Mädchenpflegehaus VII, ein Wohnhaus für den Anstaltsarzt XVI und eine Wagenremise für die Ökonomie errichtet. 1901 erhielt die Anstalt elektrische Beleuchtung und 1904 Hochdruckfernheizung.

Die Grundfläche, auf welcher das St. Johannes-Stift steht, war anfangs 1911 ungefähr 44 Morgen groß. Der sonstige Grundbesitz der Anstalt war bis dahin im Laufe der Jahre auf 95 Morgen Ackerland, Wiesen, Wald und Gärten gewachsen. 1908 legte die Anstalt einen eigenen schönen Waldfriedhof an.

Die Zahl der Pflegeplätze überschritt im Jahre 1886 das erste Hundert, 1892 das zweite, 1897 das dritte, 1901 das vierte, 1905 das fünfte Hundert und betrug anfangs 1911 = 540.

Das Personal bestand 1882 aus neun Personen, 1985 aus 19, Ende 1895 aus 65 Personen, Ende 1896 aus 73, Ende 1897 aus 78, Ende 1898 und 1899 aus 79, Ende 1900 aus 83, Ende 1901 aus 90, Ende 1902 und 1903 aus 96, Ende 1904 aus 101, Ende 1905 aus 110, Ende 1906 aus 111 und Ende 1910 aus 117 Personen.

Die steigenden Einnahmen und Ausgaben mögen folgende Stichproben der Jahresabschlüsse aus den Jahren 1884, 1894, 1904 und 1910 veranschaulichen (vgl. S. 46).

Im Jahre 1910 betrug die Einnahme 392647, 32 Mk., die Ausgabe 391669,79 Mk.

Entsprechend dem äußeren Ausbau hielt die Vervollkommnung des inneren Lebens der Anstalt gleichen Schritt. Ganz besondere Bedeutung wurden von den ersten Anfängen an einer immer besseren Ausgestaltung des Unterrichts-und Schulwesens beigemessen. Schon bald nach Eröffnung der Anstalt begann der Unterricht, nachdem zwei Schwestern durch Teilnahme an einem entsprechenden Kursus sich mit der Unterrichtsmethode für Schwachbegabte vertraut gemacht hatten. Ende 1881 wurden 20 Kinder in zwei Schulklassen unterrichtet und zwar in einer sogenannten Vorschule und in einer Schule, welche mit der Erteilung von Elementarunterricht anfing. Nach Erweiterung der Anstalt griff nach und nach eine große Individualisierung in der Schule Platz und zwar durch Vermehrung von Klassen und Lehrkräften. Die Zahl der Klassen stieg im Laufe der Zeit von 2 auf 4, 1888 auf 5, 1891 auf 6; dann wurde als 7. Klasse eine besondere Klasse für Schwerhörige gegründet; es folgte die 8. Schulklasse, 1898 kam die 9. und 1904 die 10. Schulklasse hinzu. Es standen 12 Klassenzimmer und 1 Lehrmittelzimmer zur Verfügung. Den Unterricht erteilten Schwestern, die für das Lehrfach ausgebildet waren.

Gegenstand	1884 Mk.	im Jahre 1894 Mk.	1904 Mk.
A. Einnahme:			
Bestand aus dem Vorjahre	5118,72	530,90	1497,66
Reste aus dem Vorjahre	3308,66	1307,54	277,34
Zinsen	86,85	859,79	3606,33
Vermächtnisse und Geschenke	6,50	163,—	1094,60
Beiträge der Mitglieder	773,20	740,70	618,30
Pflegegeld der Zöglinge	18395,17	80221,68	208170,71
Kleidergeld der Zöglinge	1025,—	1615,53	2102,40
Provinzialzuschuß bezw. zinsfreies Darlehn	12250,—	—	—
Ertrag der Hauskollekte i. d. Provinz	12979,77	20373,84	25378,68
Ertrag vom Grundvermögen u. Viehstande	3635,16	21462,37	34392,03
Außerordentliche Einnahmen	207,72	72926,59	121815,16
Summe der Einnahmen:	57786,75	200201,94	398953,21
B. Ausgabe:			
Zinsen von Passiv-Kapitalien	—	350,—	5080,—
Besoldungen und Löhne	1463,95	9821,32	33648,44
Für Speisung	9141,54	41447,90	95957,94
„ Bekleidung	2007,33	3072,37	9107,21
„ Feuerung	266,50	2071,95	10108,61
„ Beleuchtung	180,83	666,94	3716,53
„ Wäsche und Reinigung	378,72	1197,93	1497,17
„ kirchliche Bedürfnisse und Begräbniskosten	690,01	639,44	840,92
„ Medikamente	212,64	1503,04	1709,04
„ Schulbedürfnisse u. zur Ergötzung	218,97	358,04	702,68
„ Bauten und Grundankauf	26203,32	105232,51	147215,46
„ Inventar	11114,56	6685,11	8425,76
„ Land- und Viehwirtschaft	1658,84	12612,75	24917,83
Außerordentliche Ausgaben	780,75	13898,47	55056,05
Summe der Ausgaben:	54317,96	199557,77	397983,64

Neben dem Schulunterricht genossen die Kinder Handarbeitsunterricht, der für die Ausbildung und Erziehung schwachsinniger Kinder für außerordentlich wertvoll und fördernd angesehen wurde. Die große erzieherische Bedeutung dieses Unterrichtes wurde immer mehr erkannt. Und die Erziehung zur Arbeit wurde fast für noch wichtiger erachtet, als der Schulunterricht für die Geistesschwachen. Der Erziehung zur Arbeit dienten die verschiedenen häuslichen Arbeiten und Selbstbedienungen, zu denen alle, die eben fähig waren, herangezogen und möglichst von klein auf angeleitet wurden. Ihr dienten ferner Handanfertigungsunterricht und die verschiedenen Beschäftigungen in den Anstaltswerkstätten. Nach den Jahresberichten schloß sich der Handarbeitsunterricht für die Schulknaben an den Lehrgang des deutschen Vereins für Knabenhandarbeit und wurde in fünf Abteilungen wöchentlich an drei Nachmittagen, je 1¼ Stunde erteilt. Er umfaßte Klötzchen-, Stäbchen- und Ringelegen, Flechten und Falten, Ton- und Naturholzarbeiten, Laubsägen und Kerbschnitzen, Papp- und Buchbinderarbeiten. Die aus der Schule entlassenen Knaben und solche, die nur beschäftigungsfähig waren, fanden in besonderen Arbeitsräumen unter Aufsicht und Anleitung von Schwestern und Pflegern Gelegenheit, während eines großen Teiles des Tages sich manuell zu betätigen. Die Jüngeren übten vornehmlich das Zopfflechten aus Selfkanten, Schilf, Rohr- und Strohabfall, das Bandweben auf kleinen, eigens dafür konstruierten Webstühlchen und die Anfertigung von Waschleinen und Kordeln. Die Älteren verfertigten Rohrmatten, Teppiche, Eggenschuhe, Bürsten und Besen. Sie webten Scheuertücher und Küchentücher, wozu acht große Webstühle zur Verfügung standen. Außerdem wurden größere Knaben in den verschiedenen Handwerksstätten und in der Gärtnerei beschäftigt.

Der Handanfertigungsunterricht für die Schulmädchen wurde ebenfalls in fünf Abteilungen von den Schulschwestern erteilt, hauptsächlich im Stricken, Stopfen und Nähen. Einige auch lernten Wäschezeichnen, Sticken und Häkeln. Wie für die jüngeren nur arbeitsfähigen Knaben, war auch für die jüngeren nicht schulfähigen Mädchen eine besondere Arbeitsschule eingerichtet.

Später, nach Inkrafttreten des Gesetzes vom 11. Juli 1891 war die Anstalt genötigt, die Anforderungen an die Leistungen der Schüler niedriger zu stellen, weil dieses Gesetz nur auf die Verpflegung hilfsbedürftiger Schwachsinnigen Rücksicht nahm, so daß verhältnismäßig weniger bildungsfähige Kinder zur Aufnahme kamen als früher.

Mit der geregelten Arbeit wechselten Erholung und Vergnügen ab. Durch kurze Spaziergänge und längere Ausflüge in die herrliche Umgebung, durch Spiele und allerlei Festlichkeiten, wurde den Kindern das Anstaltsleben verschönert und der Aufenthalt in der Anstalt angenehmer gemacht.

Der Gottesdienst und die Seelsorge für die katholischen Kinder wurde anfangs von den Rektoren der hiesigen höheren Stadtschule versehen und zwar von den Herren: Rektor *Hermann Goebel*, später Ehrendomherr und Landdechant in Steinheim, dann von Konrektor *Franz Goebel*, der später, vom 1. April 1888 ab bis zu seinem am 31. Mai 1928 erfolgten Tode Pfarrer der hiesigen Provinzialheilanstalt war. Pastor *Goebel* war nicht nur ein ganz ausgezeichneter und erfahrener Anstaltsgeistlicher, sondern auch eines der eifrigsten, ältesten und erfahrensten Mitglieder unseres Vereins. Die Seelsorge und den Religionsunterricht für die evangelischen Kinder erteilte Pfarrer *Nettelbeck*, Seelsorger der hiesigen evangelischen Gemeinde. Am 29. April 1889 wurde *Joseph Bremer* als Anstaltsgeistlicher hauptamtlich angestellt. Gleichzeitig wurde ihm auch die Leitung der Anstalt übertragen. Nachdem im Jahre 1911 die Anstalt in das Eigentum der Provinz übergegangen war, gab er die Leitung der Anstalt an einen Arzt ab, behielt aber bis zu seiner Versetzung in den Ruhestand am 31. Mai 1925, außer der Seelsorge noch die Leitung der Anstaltsschule bei. Bis zu seinem am 3. Mai 1928 erfolgten Tode gehörte er zu den eifrigsten Mitgliedern unseres Vereins. Um den äußeren und inneren Ausbau des St. Johannes-Stiftes aber hat Pastor *Bremer* sich durch unermüdliche Arbeit die größten Verdienste erworben. Sein stilles, erfolgreiches Wirken bleibt in der Geschichte der Anstalt unvergessen. Er ruht auf dem von ihm angelegten schönen Waldfriedhofe der Anstalt.

Anfangs wurde die Leitung der Anstalt von der Schwester Vorsteherin unter der Oberleitung des Vereinsvorsitzenden, Sanitätsrat Dr. *Koster* und seines Stellvertreters, ausgeübt.

Die ärztliche Versorgung geschah bis 1889 durch den Vereinsvorsitzenden Sanitätsrat Dr. *Koster* und das Vorstandsmitglied Sanitätsrat Dr. *Schröder*, damals Arzt der Provinzialheilanstalt Marsberg und später Direktor der Provinzial-Pflegeanstalt zu Eickelborn. Dann übte die ärztliche Versorgung der Anstalt bis zum Jahre 1897 der praktische Arzt, Sanitätsrat Dr. *Bange*, im Nebenamte aus. Am 15. Juni 1897 übernahm Dr. *Herwig*, bisher Assistenzarzt der Provinzialheilanstalt Marsberg, als Anstaltsarzt die ärztliche Versorgung des St. Johannes-Stiftes.

Am 22. Dezember 1893 erlitt der Verein durch den Tod des Sanitätsrats Dr. *Koster* einen schweren Verlust. In dem Jahresberichte von 1893 widmete ihm der Vorstand des Vereins folgenden Nachruf: »Am Schlusse des Jahres, am 22. Dezember, wurde ein Mann aus diesem Leben gerufen, dem die Anstalt zum größten Teile ihre Entstehung und Blüte verdankt. Als Direktor der hiesigen Provinzial-Irrenanstalt regte er im Jahre 1872 die Gründung des St. Johannes-Vereins an und wurde nach Konstituierung desselben der erste Vorsitzende. In dieser Eigenschaft widmete er sich mit großer Liebe und regem Eifer der Fürsorge für die schwachsinnigen Kinder. Er bewirkte die Errichtung der Idiotenanstalt, der ersten in Westfalen, und war mit allen ihm zu Gebote stehenden Mitteln auf ihr Wohl und ihr Gedeihen bedacht. Auch dann noch, als er krank und leidend im Jahre 1889 von hier in seine Vaterstadt Trier übersiedelte, bewahrte er sein Interesse für die Idiotenanstalt. Er ließ sich wiederholt über dieselbe berichten und freute sich, wenn ihm günstige Nachrichten gegeben wurden. Mit seinem Tode hat ein für die Idioten warmschlagendes Herz aufgehört.«

Noch eines eifrigen Mitgliedes, des langjährigen Schriftführers und Rendanten des Vereins, sei an dieser Stelle namentlich gedacht, des Rechnungsführers *Röhling*. Mit warmem Interesse und regem Eifer hat er lange Jahre die Vereinssache und die geschäftlichen Belange der Idiotenanstalt entschieden vertreten und seine reiche Erfahrung in den Dienst des Vereins und seiner Anstalt gestellt. Er starb im Jahre 1902.

Wie schon oben angedeutet, ging die Anstalt im Jahre 1911 in das Eigentum der Provinz über. Schon auf einer am 7. November 1908 stattgehabten Generalversammlung des Vereins wurde der Beschluß gefaßt, die Anstalt in das Eigentum der Provinz Westfalen abzugeben. Der Vorstand des Vereins, insbesondere der damalige Vereinsvorsitzende, Geheimer Sanitätsrat Dr. *Rubarth*, waren der Ansicht, daß für die Verwaltung und Existenz einer solch großen Anstalt — es waren damals 530 Idioten und Epileptische untergebracht — eine genügende Sicherheit seitens eines kleinen Vereins, wie es der St. Johannes-Verein sei, nicht mehr gegeben sei. Auch wurde seitens des Vorstandes hervorgehoben, daß die Provinzialverwaltung von der Gründung an bis zum Inkrafttreten des Unterstützungsgesetzes vom 11. Juli 1891 der Anstalt eine jährliche Beihilfe von 3000 Mk. gewährt und vom letztgenannten Zeitpunkt ab für Rechnung des Landarmenverbandes zu verpflegende ortsarme Idioten und Epileptische kath. Konfession überwiesen, sowie durch verschiedene unverzinsliche Darlehn in einer Gesamthöhe von 105000 Mk. die Anstalt unterstützt habe. Auch sei die vom Oberpräsidenten der Provinz Westfalen seit dem Jahre 1885 bei den katholischen Bewohnern der Provinz genehmigte Hauskollekte eine Haupteinnahmequelle gewesen. Hier sei bemerkt, daß die Beschränkung der Hauskollekte auf die kath. Bewohner der Provinz wohl deswegen erfolgte, weil der Anstalt nur wenige andersgläubige Kinder überwiesen wurden, und weil im Jahre 1887 die Anstalt Wittekindshof bei Oeynhausen für Idioten und Epileptische evangelischer Konfession eröffnet worden war. Vom Jahre 1908 ab jedoch sei die Kollekte nicht mehr beantragt, weil von den Bewohnern der Provinz Klagen laut wurden, daß der Verein für Zwecke, welche die Provinz als Landarmenverband gesetzlich zu erfüllen habe und für welche sie die Mittel beschaffen müsse, eine Kollekte gehalten habe. Hinzu käme noch, daß größere Neubauten in naher Zukunft erforderlich wären. Vorstand wie Generalversammlung lehnten deshalb und im Hinblick auf die schwache Mitgliederzahl — der Verein hatte etwa 580 Mitglieder — und seine gänzlich unzureichenden eigenen Einnahmen die Sorge und die Verantwortung ab, die mit einer neuen erheblichen Kapitalbeschaffung verbunden seien für Zwecke, die inzwischen unmittelbare gesetzliche Aufgabe des Provinzialverbandes geworden seien.

In der am. 7. November 1908 stattgefundenen Generalversammlung des Vereins wurde daher auf Antrag des Vereinsvorstandes beschlossen, daß die Provinz die Anstalt, wie sie da liegt, mit ihrem ganzen Besitze und Vermögen, sowie den vorhandenen Schulden und Verpflichtungen, die der Verein gegen die Beamten der Anstalt in bezug auf Einkommen und sonstige Ansprüche hat, übernimmt, daß lediglich von der Mitübertragung ein bei der Sparkasse in Marsberg angelegter Betrag von 29525,90 Mk. für die Erfüllung der dem Vereine noch verbleibenden Zwecke ausgeschlossen bleiben solle.

Daraufhin beschloß nach längeren Zwischenverhandlungen der Provinzial-Ausschuß dem Landtage die Übernahme der Idiotenanstalt »St. Johannes-Stift« in das Eigentum der Provinz Westfalen vorzuschlagen. Am 14. März 1911 wurde demgemäß beschlossen: »Die Provinz übernimmt dem Antrage des St. Johannes-Vereins gemäß das St. Johannes-Stift in Marsberg, wie es steht und liegt, mit zugehörigem Grundbesitze und beweglichen Vermögen einschließlich des vorhandenen Barvermögens zum 1. April 1911 eigentümlich. Ausgeschlossen von der Mitübertragung des Barvermögens wird lediglich ein Kapitalbestand von 29525,90 Mk., welcher bei der Sparkasse in Marsberg angelegt ist und dem Vereine zur Erfüllung seiner ihm nach Abgabe der Anstalt noch obliegenden Zwecke zur Verfügung bleibt. Mit der Übertragung der Anstalt übernimmt die Provinz die Erfüllung der von der Anstaltsverwaltung bis jetzt eingegangenen Verpflichtungen, insbesondere, soweit sich letztere auf die Zahlung der Gehälter und Reliktenversorgung der Anstaltsbeamten, sowie auf die Verzinsung des Marsberger Sparkassendarlehns von 127000 Mk. erstrecken. Die Befugnisse und Pflichten des jetzigen Anstaltsarztes und jetzigen Geistlichen und Schulvorstehers richten sich nach den Abmachungen, wie sie im Protokolle über die Vorstandssitzung vom 12. November 1910 niedergelegt sind. Die Provinz ist verpflichtet, die Anstalt für die Verpflegung katholischer Idioten und Epileptiker weiter zu benutzen.

Bei der Übergabe war die Vermögenslage der Anstalt geordnet. Sie hatte einen Grundbesitz von 34,6135 ha. Der Gesamtwert der Anstalt betrug nach Abzug der Schulden 1465652,55 Mk.

Nach sachverständigem Gutachten befanden sich die Gebäulichkeiten der Anstalt bei der Übernahme in einem vorzüglichen baulichen Zustand. Die älteren Gebäude seien gut erhalten, die neueren allen Erfordernissen der Zeit entsprechend eingerichtet.

Hiermit schließt eine Blütezeit des St. Johannes-Vereins ab.

Numehr wandte er seine Tätigkeit wieder den unter 1 und 2 der Statuten genannten Aufgaben zu. Der dem Verein verbliebene Barbestand von = 29525,90 Mk. wurde als Vermögensgrundstock zinsbar angelegt. Die eingehenden Mitgliederbeiträge und die Zinsen des genannten Kapitals verwandte der Verein, soweit als erforderlich, zur Unterstützung hilfsbedürftiger Geisteskranker und zu Beihilfen zu den Pflegekosten minderbemittelter schwachsinniger Kinder.

Kriegszeit und Inflation wirkten naturgemäß außerordentlich hemmend auf die Vereinstätigkeit sowohl nach der materiellen als auch nach der ideellen Seite hin.

Von 1911, dem Übergabejahr des St. Johannes-Stifts an die Provinz, bis 1920 wurden insgesamt 13711 Mk. Unterstützungen gewährt.

Das Vereinsvermögen in Höhe von rd. 42000 Mk. fiel der Inflation nahezu restlos zum Opfer.

Das zeitige Barvermögen des Vereins beträgt 2515,61 RM.

Außer diesem Betrage steht dem Verein aus seinem 30000 Mk. betragenden 5% Kriegsanleihebesitze ein Auslosungsrecht in Höhe von 750 Goldmark zu.

Eine Erweiterung und Neubelebung des alten Marsberger Vereins ist dringend notwendig. Die Geisteskrankenfürsorge in Westfalen hat in den letzten Jahrzehnten große Fortschritte gemacht. Während bei der Gründung unseres Vereins im Jahre 1872 nur zwei Provinzialheilanstalten bestanden, sind heute in Westfalen, einschließlich der Provinzialanstalt »St. Johannes-Stift«, acht Anstalten vorhanden. Mit dieser Erweiterung hat unser Hilfsverein, der satzungsgemäß der allgemeinen westfälischen Irrenfürsorge dienen soll, nicht Schritt gehalten. Die Entwicklung der westfälischen Geisteskrankenfürsorge fordert aber, daß der Verein sich der veränderten Sachlage anpaßt und daß sein Aufgabenkreis auf alle Anstalten und deren Aufnahmebezirke ausgedehnt wird, sowie endlich, daß er sich in den Dienst der offenen psychiatrischen Fürsorge stellt, sie unterstützend und fördernd.

Die Arbeiten zur Durchführung dieser Notwendigkeit sind im Gange.

Der Brandenburgische Hilfsverein zu Eberswalde.

Von

Landesmedizinalrat Dr. **Karl Zinn,** Direktor der Landesanstalt zu Eberswalde.

Der Brandenburgische Hilfsverein für Geisteskranke zu Eberswalde wurde am 16. Oktober 1873 als »Kurmärkischer Hilfsverein für Geisteskranke« gegründet. Er verdankt sein Entstehen der Tatkraft des damaligen Direktors der Landesirrenanstalt zu Eberswalde Dr. *August Zinn*, der, einer Anregung des psychiatrischen Vereins zu Berlin folgend, ihn ins Leben rief. Dort hatte *Heinrich Laehr* in der Sitzung am 14. 12. 1872 in einem Vortrag »über die Bildung von Vereinen behufs Verbesserung der öffentlichen Fürsorge für Irre« die segensreichen Erfahrungen, die man an anderen Orten in- und außerhalb Deutschlands mit der Bildung von Hilfsvereinen gemacht hatte, dargelegt und zur Gründung von Irrenhilfsvereinen aufgerufen. Es wurde eine Kommission, der die Irrenärzte *Laehr*, *Ideler* und *Zinn* angehörten, eingesetzt mit dem Auftrag, die Frage weiter zu prüfen und ein »Statut« vorzulegen, das den zu gründenden Vereinen zur Richtschnur dienen sollte. Dieses »Statut« wurde in der Sitzung vom 17. 3. 1873 vorgelegt und beschlossen, es allen Mitgliedern des psychiatrischen Vereins zuzuschicken mit der Bitte, möglichst rührig für die Bildung solcher Vereine zu wirken.

Mit freudigem Eifer ging *Zinn* in Eberswalde ans Werk. Er konnte sich dabei auf die glücklichen Erfahrungen stützen, die er als Direktor der Irrenanstalt St. Pirminsberg bei Ragaz im Kanton St. Gallen mit seinem schweizerischen Hilfsverein gemacht hatte.

Aus der Erkenntnis heraus, daß die beste staatliche Fürsorge allein zur Erfüllung der Forderungen einer vollkommenen Irrenfürsorge nicht ausreicht, daß vielmehr für ein erfolgreiches Wirken der Irrenanstalt die tatkräftige und allseitige Unterstützung der Bevölkerung unentbehrlich ist, hatte *Zinn* schon im Jahre 1869 von der schweizerischen Irrenanstalt St. Pirminsberg aus einen »Hilfsverein für genesene Gemütskranke im Kanton St. Gallen« gegründet. Mit besonderer Freude griff er daher die Anregung des psychiatrischen Vereins zu Berlin auf, die ihm Gelegenheit gab, seine mit dem schweizerischen Irrenhilfsverein gemachten Erfahrungen nun auch für Brandenburg nutzbar zu machen.

Nachdem der Sommer 1873 mit Vorbesprechungen, Entwürfen von Statuten und der Versicherung einer genügenden Unterstützung vergangen war, konnte sich am 16. Oktober desselben Jahres der »Kurmärkische Hilfsverein für Geisteskranke« konstituieren. Eine Einladung zum Beitritt, unterstützt durch die Unterschriften hervorragender Repräsentanten aller Stände, wurde nebst dem »Statut« versandt. Nach diesem setzte sich das »geschäftsleitende Komitee« aus den Oberbeamten der Landirrenanstalt zu Neustadt-Eberswalde zusammen. Zum Vorsitzenden wurde der Direktor der Anstalt, Dr. *August Zinn*, zu seinem Stellvertreter der Oberarzt Dr. *Ulrich*, zum Schriftführer der Anstaltsgeistliche, Pfarrer *Weymann*, gewählt, den wegen seiner Krankheit später Dr. *Nötel* ersetzte. Als Mitglieder des Aufsichtsrats ließen die Herren Sanitätsrat Dr. *Donop* in Eberswalde, Major *v. Jena* auf Cöthen, Graf *Königsmark*, Exzellenz, auf Berlitt, Rentier *Nöbel* in Eberswalde, Major a. D. Kammerherr v. *Rochow* auf Plessow, Geheimer Regierungsrat *Scharnweber* und Rittmeister a. D. v. *Tettenborn*, Hauptritterschaftsdirektor zu Berlin, dem jungen Verein ihre Unterstützung angedeihen. Der Erfolg der Aufforderung zum Beitritt war ein recht erfreulicher. Aus allen Ständen liefen Beitrittserklärungen ein, die ein lebhaftes Interesse für das Gedeihen des Vereins bekundeten, so daß das erste Jahr mit einer Mitgliederzahl von 301 abschloß, die einen jährlichen Beitrag von zusammen 801 Talern 15 Silbergroschen = 2404,50 Mk. leisteten. Zugleich erhielt der Verein an einmaligen Zuwendungen 106 Taler und 22½ Silbergroschen = 320,25 Mk. Daran waren 28 Stadtgemeinden beteiligt. Dabei war es bemerkenswert, wie gerade die kleinen Städte in großer Anzahl mit verhältnismäßig erheblichen Beträgen den Verein unterstützten, während die größeren sich passiv verhielten. Unter den Privatversonen waren die Geistlichen am zahlreichsten, nächst ihnen die Ärzte vertreten. Lebhafte Unterstützung wurde dem Verein auch bei den Gutsbesitzern, den ständischen und kommunalen Beamten, Kaufleuten und Fabrikanten zu Teil, in geringem Maße waren unmittelbare Staatsbeamte, Verwaltungs- und Justizbeamte, der aktive Militärstand nur durch eine Person vertreten. Eine sehr freundliche Aufnahme fand der Verein auch in Lehrerkreisen, auch Frauen traten ihm bei und übernahmen das Amt einer Patronin resp. Korrespondentin.

Am 1. Mai 1876 fand die erste Hauptversammlung des Vereins in Eberswalde statt, in der unter anderem beschlossen wurde, zur Gewinnung von Mitgliedern in Zukunft kurze Auszüge aus den Jahresberichten in verschiedenen Zeitungen zu veröffentlichen und die gedruckten Jahresberichte dem Publikum möglichst leicht zugänglich zu machen. Im Verfolg dieses Beschlusses wurden die Jahresberichte regelmäßig in den Besuchs- und Wartezimmern der

Anstalt ausgelegt, den Angehörigen bei Besuchen mitgegeben, den Aufnahmeanfragen beigefügt usw. Zugleich wurden die Jahresberichte durch Abdruck der hauptsächlichsten Aufnahmebestimmungen, der Besuchszeiten, einer Anleitung zum Schrift- und Geldverkehr mit der Anstalt zur Nachricht für die Familien von in der Anstalt befindlichen Kranken erweitert und ein Abdruck der Aufnahmepapiere (ärztlicher Fragebogen, Bescheinigung der Ortspolizeibehörde, Zahlungsverpflichtung, Geleitschein, Kleiderverzeichnis) hinzugefügt. So gelang es, das Interesse für den Verein wachzuhalten und insbesondere auch immer mehr Vertrauenspersonen zu gewinnen, die sich außerhalb der Anstalt der Schützlinge des Vereins anzunehmen und als Vermittler der Unterstützungen, der Beschaffung von Arbeitsgelegenheit usw. zu dienen gewillt waren. Die Zahl der Unterstützungsfälle, im ersten Jahre 11, stieg beständig, bis sie im Jahre 1923 mit 355 ihre Höchstzahl erreichte.

Erfreulicherweise machte sich das Interesse und die Anteilnahme der Behörden, denen satzungsgemäß jedes Jahr ein Exemplar des Jahresberichtes zugestellt werden mußte, allmählich auch durch Zuweisung von Geldspenden mehr und mehr geltend. So hat das Oberpräsidium der Provinz Brandenburg den Verein wiederholt durch Geldbeträge unterstützt. Ihm folgten der Kreisausschuß der Kreise Niederbarnim und Oberbarnim. Der Provinzialausschuß der Provinz Brandenburg half mit einem jährlichen Beitrag von 500 Mk., der nach einer kurzen Pause später auf jährlich 1000 Mk erhöht wurde, bis im Jahre 1919 die finanzielle Not die Einstellung der Beihilfe vorübergehend bedingte, die seit 1924 wiederum in der Höhe von 500 Mk. gewährt werden konnte. In der Vorkriegszeit hat im besonderen auch das Ministerium der geistlichen, Unterrichts- und Medizinalangelegenheiten dem Verein lebhaftes Interesse zugewandt und dieser seiner Anteilnahme auch durch wiederholte Geldbeiträge Ausdruck verliehen. Dazu kamen gelegentlich Einzelspenden von Privatpersonen, die allmählich zur Regel wurden und bald in keinem Jahre mehr fehlten.

Im Jahre 1900 vermachte der Kaufmann *Adolf Gumprecht* durch testamentarische Bestimmung dem Verein 1500 Mk.; sie wurden als »Gumprecht-Stiftung« dem Vereinsvermögen angegliedert. Dazu kam im Jahre 1902 die »Gertrud-Stiftung« mit 2000 Mk., die der langjährige Oberarzt und stellvertretende Direktor der Eberswalder Anstalt, Herr Geheimrat Dr. *Ulrich*, zum Andenken an seine verstorbene Frau dem Verein überwiesen hatte. Er starb 1908 und in pietätvoller Liebe übergab seine später in Stettin verstorbene Schwester, Frl. *Ida Ulrich*, dem Verein einen gleichen Betrag zu seinem Andenken als »Hubert-Stiftung« mit der Bestimmung, sie in gleicher Weise zu verwalten, wie es der Bruder für die »Gertrud-Stiftung« bestimmt hatte.

Durch diese Zuwendungen und Unterstützungen zusammen mit den laufenden Mitgliederbeiträgen war es im Laufe der Jahre möglich geworden, neben den laufenden Ausgaben zur Befriedigung der einzelnen Unterstützungsfälle, die von 11 im Jahre 1873/74 auf 355 im Jahre 1923 angewachsen waren, ein Vereinsvermögen anzusammeln, das zuletzt rund 55 000 Mk. betrug. Damit war es zugleich gelungen, dem Verein auch finanziell eine sichere Grundlage zu geben, so daß er nicht nur auf die in ihrer Höhe schwankenden Jahresbeiträge und die freiwilligen Zuwendungen und Zuschüsse angewiesen blieb. Leider ist dieses Vermögen einschließlich der drei Stiftungen durch die Kriegsfolgen fast ganz verlorengegangen, und nur ein kleiner Rest von rund 2500—3000 Mk. — die Aufwertung ist noch nicht abgeschlossen — übrig geblieben.

Insgesamt konnten bis zum Jahre 1921, dem Beginn der Inflation, aufgebracht werden an Mitgliederbeiträgen rund 95 968 Mk., an einmaligen freiwilligen Spenden 11 854 Mk. und an Zuschüssen von Behörden 28 380 Mk., dazu an Zinsen 42 385 Mk., zusammen 178 587 Mk. An Unterstützungen sind in dem gleichen Zeitraum gezahlt 119 732 Mk. Die Verwaltungskosten betrugen in den ersten Jahren durchschnittlich 150—200 Mk., später 270—300 Mk. Die schwerste Zeit hat auch der Hilfsverein während der Inflation durchgemacht. Seine finanzielle Lage wird am besten dadurch beleuchtet, daß zum erstenmal seit seinem fünfzigjährigen Bestehen die Jahresrechnung mit einem Fehlbetrag von 80 Pfennigen abschloß.

Mit der Stabilisierung der Währung ging es wieder aufwärts. Langsam begannen die Mitgliederbeiträge wieder zu fließen, von 244,50 Mk. im Jahre 1924 sind sie allmählich bis auf 820 Mk. im Geschäftsjahr 1927 gestiegen, auch freiwillige Zuwendungen und vor allem der Zuschuß des Provinzialausschusses stellten sich wieder ein, auch konnten in den letzten vier Jahren wieder an Zinsen 64 Mk. gebucht werden. So hoffen wir auch finanziell langsam wieder in die Höhe zu kommen, wenn es auch noch lange dauern wird, bis der alte Stand wieder erreicht sein wird.

Im Jahre 1880 war der bisherige »Kurmärkische« Hilfsverein für Geisteskranke, dem durch die Provinzial-Ordnung vom 29. 5. 1875 geschaffenen Zustand entsprechend, zu einem »Brandenburgischen« Hilfsverein für Geisteskranke erweitert worden. Er ist am 25. Juli 1902 in das Vereinsregister des Amtsgerichts zu Eberswalde eingetragen worden. Dazu war eine Umgestaltung der Satzung erforderlich, welche in der Mitgliederversammlung am 28. 5. 1902 genehmigt wurde. Diese Satzung (siehe Anlage) besteht zurzeit noch fort. Sie hat sich bewährt und wird, abgesehen von einigen, den neuen Zeitverhältnissen entsprechenden Abänderungen, die die nächste Mitgliederversammlung im Herbst dieses Jahres beschließen soll, auch weiterhin die Grundlage der Vereinstätigkeit bilden.

Am 17. November 1897 starb der Gründer und langjährige Vorsitzende des Vereins, Dr. *August Zinn*. Sein Nachfolger wurde der Unterzeichnete.

Während bis dahin sämtliche Unterstützungsfälle von dem Sitz des Vereins in Eberswalde bearbeitet und erledigt worden sind, wurden von 1898 an den Direktoren der anderen Anstalten laufende Beträge aus der Vereinskasse zur selbständigen Verteilung zur Verfügung gestellt. So wurde es den einzelnen Anstalten ermöglicht, die in ihrem Aufnahmebezirk anfallenden Unterstützungsgesuche selbst zu bearbeiten und zu bescheiden, ein Verfahren, das die Wirksamkeit des Vereins weiter zu fördern und auszubauen vermochte.

Hand in Hand mit der werktätigen Fürsorge für die Entlassenen, wie sie die Satzung des Vereins in § 2 und 3 als Hauptzweck des Vereins vorschreibt, ist der Verein von Anbeginn seines Bestehens bestrebt gewesen, die Hebung der öffentlichen Irrenpflege der Provinz Brandenburg und die Beseitigung von Vorurteilen gegen Irrsein und Irrenanstalten durch allgemein verständlich gehaltene Belehrungen über Krankheitsursachen und Krankheitserscheinungen und über Behandlung Geisteskranker zu fördern und so die Bevölkerung zum Verständnis einer zweckmäßigen und humanen Pflege dieser Kranken zu bringen und namentlich auch zu bewirken, daß frisch Erkrankte frühzeitig fachärztlicher Behandlung, d. i. für die Mehrzahl der Kranken, der Anstalt zugeführt wurden.

So sind im Laufe der Jahre in den Jahresberichten folgende Abhandlungen herausgegeben worden:

»Die Irrenanstalten, ihre Einrichtung und ihr Wirken von Dr. *Nötel*«, »Was sind Geisteskrankheiten? von Dr. *Ulrich*«, »Was hat zu geschehen von seiten der Familien und Behörden im Falle einer Gemütserkrankung ihrer Angehörigen oder Gemeindemitglieder? von Pfarrer *Quandt*«, »Über die Ursachen von Geisteskrankheiten von Dr. *Gock*«, »Über allgemeine Gesichtspunkte für den Umgang mit Geisteskranken von Dr. *Gock*«, »Über schriftlichen und mündlichen Verkehr der Angehörigen mit ihren in der Irrenanstalt befindlichen Kranken von Dr. *Eckelmann*«, »Über die Symptome beginnender Geisteskrankheit von Dr. *Karl Zinn*«, »Nachruf Dr. *August Zinn*, gestorben 1897, von Dr. *Karl Zinn*«, »Der Brandenburgische Hilfsverein für Geisteskranke, sein Zweck und seine Ziele (zum 25 jährigen Bestehen des Vereins) von Dr. *Karl Zinn*«, »Der Briefwechsel über unsere Kranken, mit unseren Kranken von »Dr. *Schmitz*«, »Über Besuche bei den Kranken von Dr. *Riebeth*«, Über Geisteskrankheiten und Irrenanstalten« (öffentlicher Vortrag zum Besten der Wohltätigkeitsbestrebungen des Vaterländischen Frauenvereins) von Dr. *Karl Zinn*, »Ärztliche Ratschläge für die Angehörigen bei Ausbruch von Geisteskrankheit von Dr. *Viedenz*«, »Die Entwicklung der Familienpflege Geisteskranker unter besonderer Berücksichtigung der Eberswalder Verhältnisse von Direktor Dr. *Karl Zinn* und Familienpflegearzt Dr. *Riemann*«.

In der ersten Hälfte seines Bestehens wurden die Angelegenheiten des Hilfsvereins in den täglichen ärztlichen Beratungen mit besprochen und erledigt. Mit dem wachsenden Umfang der Arbeit wurde eine besondere Sitzung allwöchentlich am Donnerstag den Angelegenheiten des Hilfsvereins gewidmet. Bis zum Kriege fanden regelmäßig alle drei Jahre die Hauptmitgliederversammlungen in der Anstalt zu Eberswalde statt, die sich mit den Aufgaben des Vereins, der Wahl des Aufsichtsrats, der Vermögensverwaltung usw. beschäftigten. Der nächsten Hauptversammlung im Herbst dieses Jahres liegt es ob, den Wiederaufbau des Vereins und seine weitere Ausgestaltung, die Abänderung der Satzung, die Gewinnung neuer Mitglieder und die Vermehrung der Geldmittel zum Gegenstand ihrer Beratung zu machen.

Die Mitgliederzahl, die im Jahre 1894/95 allmählich bis fast auf die Hälfte zurückgegangen war, konnte durch rege Werbearbeit allmählich wieder von 158 bis auf 388 gehoben und bis in die Kriegszeit hinein auf dieser Höhe gehalten werden. Es hat sich gezeigt, daß sie mit der Art und der Regsamkeit der Werbetätigkeit des Vereins aufs engste verknüpft ist. Diese wiederum ist eng verbunden mit der persönlichen Initiative des Vorstandes, insbesondere des Vorsitzenden des Vereins und seiner Mitarbeiter. Wird sie durch anderweitige, allzugroße Inanspruchnahme behindert und gelähmt, wie es die Mehrarbeit des damaligen Vorsitzenden als Landesmedizinalreferenten durch die Überfüllung der Anstalten und die Vorarbeiten für den Bau neuer Anstalten jahrelang der Fall war, so bleibt die Rückwirkung auf den Hilfsverein nicht aus, sein Rückgang ist unvermeidlich. Mit der Steigerung der Werbetätigkeit in Wort und Schrift, besonders gelegentlich des 25 jährigen Bestehens des Vereins, durch Rundschreiben an Stadt- und Landgemeinden, an die Ärzte und zahlreiche Privatpersonen, bei denen ein Interesse für die Bestrebungen des Vereins vorauszusetzen war, gelang es bald, die Mitgliederzahl wieder zu erhöhen und dem Verein vermehrte Mittel zuzuführen.

Ein ganz besonderes Verdienst hat sich der Hilfsverein um die Einführung der Familienpflege erworben, der er Wegbereiter geworden ist. In seiner Sitzung am 29. 3. 1901 hatte der Vorstand beschlossen, die Mittel der Gumprecht-Stiftung im Betrage von 1500 Mk. zur versuchsweisen Einführung der Familienpflege an der Eberswalder Landesirrenanstalt zu verwenden und so durch Unterbringung von Geisteskranken in fremde Familien der Provinz die Wege zu der freiesten und billigsten Verpflegungsform gewisser Geisteskranker, der sog. Familienpflege, zu ebnen. Nach kurzen Vorbereitungen wurde der Beschluß des Vorstandes noch im selben Jahre durch

Hinausgabe zweier weiblicher Kranken in Familienpflege am 12. Oktober 1901 verwirklicht. Ihnen sind bis zum Frühjahr 1902 noch sechs weitere Kranke gefolgt, und hat sich die Zahl der bei fremden Familien unter Obhut und Aufsicht der Anstalt in Pflege gegebenen Kranken im Laufe des Jahres 1902 allmählich auf 29 erhöht, von denen 19 in der Stadt Eberswalde und zehn auf dem Lande in Chorinchen untergebracht waren. Dabei zeigte sich bald, daß die Aussichten für diese neue Art der Unterbringung von Geisteskranken recht günstig und die damit gemachten Erfahrungen wohl geeignet waren, zur weiteren Ausbreitung der Familienpflege Geisteskranker anzuregen. Sie wurde im nächsten Jahre von der Provinzialverwaltung, die dabei zugleich dem Hilfsverein die aus der Gumprecht-Stiftung entnommenen Geldbeträge zurückerstattete, offiziell übernommen und durch Einstellung entsprechender Mittel in den Hauptetat der Provinz die Einführung dieser Verpflegungsform Geisteskranker für alle Provinzialanstalten endgültig gesichert. Damit war in der Provinz Brandenburg der Grund gelegt zur Einführung und Ausgestaltung der Familienpflege. Sie hat sich bis zum Jahre 1914 sehr günstig entwickelt und an der Eberswalder Anstalt bis zum Kriegsbeginn 1914 die Zahl 130 (12% des Bestandes) und in der ganzen Provinz zusammen die Zahl von 600 Kranken in der Familienpflege erreicht.

In Eberswalde war mit der steigenden Zahl der Familienpfleglinge für ihre ärztliche Versorgung ein besonderer Oberarzt bestellt worden, der Wohnung in der Stadt — die Anstalt ist von einzelnen Stadtteilen 2—3 Kilometer entfernt. — erhielt. Durch seine Teilnahme an der täglichen Ärzteberatung, durch gelegentliche Vertretung beurlaubter und erkrankter Anstaltsärzte blieb auch dieser Familienpflegearzt in engster Beziehung mit der Anstalt. Sein Wohnen außerhalb der Anstalt in der Stadt zeitigte dabei eine weitere sehr willkommene Auswirkung dieser Einrichtung derart, daß der Familienarzt immer mehr auch der Berater für alle diejenigen wurde, die für sich oder für ihre Angehörigen Rat aus dem Gebiete der Nerven- oder Geisteskrankheiten, der Trinker-, der Psychopathen-, der Schwachsinnigen-Fürsorge usw. suchten. Dieser Umstand lenkte uns gleichsam von selbst darauf, die Außenfürsorge für Geisteskranke durch Einrichtung einer Beratungs- und Fürsorgestelle für alle außerhalb der Anstalt befindlichen Kranksinnigen und Süchtigen unseres Aufnahmebezirks zu erweitern und ihr insbesondere auch die Fürsorge für alle aus der Anstalt entlassenen und noch zu entlassenden Kranken im Sinne der Erleichterung und der Erweiterung der Entlassungsmöglichkeiten überhaupt anzugliedern. Diese Einrichtung sollte am 1. August 1914 in Wirksamkeit treten. Alles war vorbereitet, Räume in der Stadt gemietet, eine erfahrene frühere Pflegerin als Fürsorgerin bestellt usw. Da kam der Krieg und vereitelte das Werk. Er hat auch die Familienpflege fast ganz zusammenbrechen lassen, die jetzt wieder — die Anstalt zu Eberswalde hat zurzeit wieder 50, die anderen Irren- und Pflegeanstalten zusammen etwa ebensoviele Kranke in Familienpflege — mit Erfolg aufgebaut wird.

Kriegs- und Nachkriegszeit haben die Tätigkeit auch unseres Hilfsvereins und seine Auswirkungen schwer beeinträchtigt. Sie haben ihm sein Vermögen fast ganz genommen und die Mitgliederbeiträge von Jahr zu Jahr bis auf einen kleinen Restbetrag zusammenschrumpfen lassen. Nur langsam hebt sich die Vereinstätigkeit wieder. Die Mitgliederzahl beträgt wieder 248, unter ihnen auch wieder 24 Gemeinden. Die Mitgliederbeiträge haben betragen

vom 1. 12. 23.—31. 3. 24.		244,50 Mk.,
im Geschäftsjahr	1924	619,50 „
	1925	745 „
	1926	766 „
	1927	820 „

Dazu kommt ein jährlicher Zuschuß des Provinzialausschusses von 500 Mk., so daß an Unterstützungen verausgabt werden konnten:

vom 1. 12. 23.—31. 3. 24		242 Mk.,
im Geschäftsjahr	1924	749 „
	1925	1280 „
	1926	1225 „
	1927	1494 „

Diese Zahlen zeigen, daß es wieder aufwärts geht im Verein, sie zeigen aber auch das steigende Bedürfnis an Mitteln zur Lösung seiner Aufgaben.

Der Vorstand des Vereins setzt sich satzungsgemäß zusammen aus den Oberbeamten der Landesanstalt zu Eberswalde. Vorsitzender ist der Direktor der Anstalt Dr. *Karl Zinn*, sein Stellvertreter Oberarzt Dr. *Jeß*, Schriftführer der Anstaltsgeistliche, Pfarrer *Hübner*, dazu als Beisitzer Oberarzt Dr. *Gillwald*, Landesoberinspektor *Kettner*, Rentmeister *Heinicke* und Landesinspektor *Kapitzki*. Dem Aufsichtsrat gehören als Mitglieder an die Herren, Apothekenbesitzer *Rossow*, Pfarrer *Gerloff* und Rendant i. R. *Wilken*, sämtlich in Eberswalde.

Die nächste Aufgabe des Vereins muß die Entfaltung einer energischen Werbetätigkeit sein. Es gilt die Zahl der Mitglieder zu vermehren und die Mittel des Vereins zu stärken, es gilt die alten Vertrauenspersonen (Patrone), Männer und Frauen in Stadt und Land wiederzugewinnen und neue hinzuzuwerben. Zugleich wird der Verein, soweit es seine zurzeit noch beschränkten Mittel irgend zulassen, die von der Eberswalder Anstalt aus beabsichtigte Einführung der »offenen Fürsorge für Geisteskranke« unterstützen, ähnlich seiner Mitwirkung und Hilfeleistung bei Einführung der

Familienpflege. Arbeit in Hülle und Fülle, die zu leisten sich immer wieder rührige Kräfte im Vorstand und unter den Mitgliedern finden mögen!

Seit 1891 an dem Werden und Wirken unseres Hilfsvereins beteiligt, kann ich meine Erfahrungen mit dieser Einrichtung nur dahin zusammenfassen, daß sie für die Anstalt und für die Kranken ausgezeichnetes geleistet hat, daß sie für das ganze Anstaltsleben, für die Belebung der ärztlichen Tätigkeit und für ihre Erfolge von unverkennbarem Wert und nicht zuletzt für den Ruf und die Anerkennung der Anstalt in der Bevölkerung und somit für die Hebung des Verständnisses für Geisteskranke und Irrenanstalten von großer Bedeutung ist. So ist uns unser Irrenhilfsverein nicht nur eine wirksame Hilfe und Unterstützung unserer Fürsorgemaßnahmen für unsere Kranken geworden, er hat uns vor allem auch in ständige Fühlung zur Bevölkerung, zur Außenwelt gebracht und wirksame Mittel und allseitig fördernde Beziehungen für die Erfüllung unserer Aufgaben in der Irrenfürsorge lebendig gemacht. Er ist uns zu einem unentbehrlichen Hilfsmittel zur Lösung der Aufgaben der praktischen Psychiatrie geworden, das keiner Anstalt fehlen sollte. Vor Jahren schon hatte ich in unserer Provinz angeregt, daß jede Anstalt ihren eigenen Hilfsverein gründen und in ihrem Aufnahmebezirk ausbauen, arbeiten und wirken lassen sollte. Der Krieg hat verhindert, dieser Anregung weiter nachzugehen. Vielleicht wird sie mit der Besserung der wirtschaftlichen Verhältnisse und der Beseitigung des Ärztemangels in unseren Anstalten wieder aufgenommen.

Der Irrenhilfsverein gehört nach meiner Überzeugung ebenso zum Rüstzeug der praktischen Psychiatrie wie die Beschäftigungstherapie, die Familienpflege und neuerdings die offene Fürsorge für Geisteskranke.

Schon frühzeitig hatten unsere Lehrmeister in der Psychiatrie erkannt, daß eine vollkommene Irrenfürsorge sich nicht auf die Anstalt beschränken darf, daß sie über die Anstalt hinaus wachsen muß weit in die Bevölkerung hin. Dazu haben sie »Irrenhilfsvereine« gegründet und mit diesen Hilfsvereinen haben sie uns zugleich hinausgeführt aus dem »Anstaltsturm« in das lebendige Treiben des Volkes mitten hinein. Des sind wir ihnen Dank schuldig.

Dem Hilfsverein folgte die Familienpflege, und aus ihr entwickelte sich ganz von selbst das Bedürfnis einer Außenfürsorge für Geisteskranke, deren Einrichtung der Krieg zunächst vereitelte. Die Irrenhilfsvereine verfolgen den gleichen Gedanken der Hinaustragung der Geisteskrankenfürsorge über die Anstalten hinaus, sie sind ihre Helfer und Wegbereiter. Und so kann ich zum Schluß nur den Ruf von *Laehr* aus dem Jahre 1872 wieder aufnehmen: „Gründet Irrenhilfsvereine“.

Dr. Georg Ludwig

Der Hilfsverein für die Geisteskranken in Hessen.

Von

Oberarzt Medizinalrat Dr. **Schmeel**, Heppenheim.

Einen geschichtlichen Rückblick auf den Hessischen Hilfsverein für Geisteskranke zu werfen entbehrt gerade für mich, als den Großneffen seines Gründers nicht des besonderen persönlichen Reizes! Habe ich doch Herrn Geh. Med. Rat Dr. *Georg Ludwig* in den ersten Jahren meiner Heppenheimer Assistentenzeit (1909/10) noch häufig besuchen dürfen! Nachdem er 1898 die Direktion der Heppenheimer Anstalt an seinen Nachfolger im Amte, Herrn Geh. Med. Rat Dr. *Bieberbach*, abgegegeben hatte, genoß er unfern seines alten Wirkungskreises auf freundlichem Altensitz im Kreise der Familie sein otium cum dignitate. Freilich was den Hilfsverein betraf nicht: procul negotiis! Denn was ihm an Kräften geblieben war, das widmete er als Ehrenpräsident auch jetzt dieser seiner Lieblingsschöpfung, seinem »jüngsten Kinde«, bis zu seinem 1910 erfolgten Tode. Indem diese Institution bis heute unter den vielen teils vor-, mehr aber noch nachgeborenen Schwestern ihrer Art einen besonderen Platz bewahrt hat, spiegelt sie Geist und Energie ihres Gründers noch heute wieder, die sich bei ihm mit einer tiefen Güte und Herzlichkeit zum Bilde eines Mannes rundeten, nach dessen Art man, lernte man ihn einst kennen, heute schmerzlich und vergeblich Ausschau hält. Das darf, ja das muß gesagt werden, weil die Persönlichkeit seines Gründers das segensreiche Wirken des Hessischen Hilfsvereins mit erklärt. — In einem Zeitalter der Unruhe und des Motors ist der Gründer und Organisator des Hessischen Hilfsvereins nicht gewachsen; sondern: gut Ding wollte auch hier Ruhe und Weile haben, und erst in langen Jahren reiften die Gedanken zu Vorsatz und Tat.

Am 9. 5. 1826 als Sohn des I. Stadtpfarrers und Ober-Konsistorial-Rats Ludwig in Darmstadt geboren hatte *Georg Ludwig*, nachdem er seit 1857 das alte von Landgraf Philipp dem Großmütigen gegründete Landeshospital Hofheim (jetzt »Philippshospital«) geleitet hatte, nach eignen Plänen zu Heppenheim a. d. B. eine kleine Anstalt geschaffen, die im Gegensatz zum »Hospital« mehr den besserungsfähigen Fällen von Geisteskrankheit vorbehalten bleiben sollte. 1866 übernahm er diese zweite Landesanstalt; acht Jahre später, 1874, schuf er sich hier auf Grund seiner langjährigen ärztlichen Erfahrung und seiner Kenntnis der Bedürfnisse seinen Hilfsverein. Den Gründungstag verlegte er auf seinen Geburtstag, auf den 9. 5. 1874. In bescheidenem Umfange hatte *Ludwig* freilich schon 1862 (!) in Hofheim eine Unterstützungs-Kasse für entlassene Pfleglinge gegründet, über deren Wirken mir aber leider keine Belege zur Verfügung stehen.

Da noch heute die Witwe *Georg Ludwigs*, Karoline, geb. Fröhlich, 97 (!) Jahre alt, in seltener geistiger Frische hier in Heppenheim die Tagesereignisse verfolgt, und da weiterhin noch zwei Töchter *Ludwigs* hier leben, war ich beim Studium der Vorgeschichte des Hilfsvereins nicht lediglich auf ein lückenloses Material jährlicher Vereinsberichte seit 1875 und ein nicht kleines Vereinsarchiv angewiesen, sondern durfte mich auch anschaulicher Berichte der erwähnten Zeitgenossen aus den Tagen der Gründung des Vereins erfreuen. Neben der Persönlichkeit *Georg Ludwigs* gründete sich der Verein, wie *Ludwig* später immer wieder betonte, auf drei Kreise williger Helfer: die verzweigte Familie *Ludwig*, die interessierten Schulkameraden und die hilfsbereiten Korpsbrüder! (*Ludwig* gehörte dem Gießener Korps Starkenburgia an.)

I.

Ins Leben wurde der Verein 1874 gerufen durch eine »öffentliche Bitte um milde Gaben zur Gründung und Erhaltung zweier Unterstützungskassen für bedürftige Pfleglinge des großherzoglichen Landeshospitals zu Hofheim und der großherzoglichen Landes-Irrenanstalt zu Heppenheim.« Die Ausführungen, welche diese »öffentliche Bitte« zur Frage der Unterstützungskasse enthält, muten im Hinblick besonders auf die Gedanken und Bestrebungen der modernen Außenfürsorge und der psychischen Hygiene so zeitgemäß an, daß meiner Meinung nach die Pflicht der Pietät dem Gründer des Hilfsvereins gegenüber gebietet, sie der Vergessenheit, in die sie zu geraten drohen, zu entreißen. *Ludwig* umschreibt als Ziel der Kasse das Folgende:

»Aus ihren Mitteln sollen in erster Linie die vermögenslosen, aus der Anstalt entlassenen, dann aber auch in den geeigneten Fällen die noch in der Anstalt befindlichen Pfleglinge und endlich unter besonderen Umständen auch die Angehörigen der Pfleglinge unterstützt werden.

Wiedergenesenen, unbemittelten Pfleglingen, soll der Rücktritt in die bürgerliche Gesellschaft erleichtert und der Weg zum Vertrauen des Publikums und zu einer gesicherten Existenz gebahnt werden, da sie erfahrungsgemäß bei dem Mißtrauen und den Vorurteilen, welchen sie begegnen, ihrer Zukunft mit banger Sorge entgegensehen müssen.«

»In den zahlreichen Fällen in welchen auf völlige Wiedergenesung leider nicht zu rechnen ist, der hinlänglich gebesserte Kranke jedoch außerhalb der Anstalt leben soll und auch kann ....., wollen wir ihm die geeigneten äußeren Verhältnisse mit Hilfe der Kasse zugänglich machen. Hier soll er alsdann behaglich und nach seinen Kräften für sich und andere nützlich leben, frei von Not, geschützt vor Mißhandlung und Spott, vor der Versteigerung an den Wenigstnehmenden (!) wie vor der Verwahrung in den traurigen kümmerlichen Verhältnissen des Armenhauses.«

»Oft werden solche gebesserte Kranke .. entlassen, weil dieselben außerhalb der Anstalt (!) in der Tat besser und zweckmäßiger leben, sei es, daß das Leben außerhalb der Anstalt und in der Familie ihrem eigenen dringenden Wunsche entspricht, sei es, daß sie alsdann ihre Arbeitskraft nicht allein freudiger und williger, sondern nach Maßgabe der mannigfaltigen Bedürfnisse der bürgerlichen Gesellschaft auch nützlicher für sich und Andere zur Geltung bringen.«

Von den wohltätigen Zielen der Kasse für Kranke, die noch innerhalb der Anstalt verweilen, erwähnt *Ludwig*:

»Verabreichung von Taschengeld an Kranke, Beteiligung an größeren Spaziergängen und Ausflügen, Bewilligung von Reisegeld zum Besuch der Angehörigen, Gaben an den Kranken, damit er etwa seinem zu konfirmierenden Kinde oder der Familie um die Weihnachtszeit eine Freude und sich selbst einen trostvollen und förderlichen gemütlichen Genuß bereiten kann.«

»Endlich soll aber auch unsere Kasse die Lage und die Bedürfnisse der Angehörigen unserer Pfleglinge ins Auge fassen und für das gefährdete Eigentum, das bedrohte Hauswesen und die gestörte Entwicklung der Familie in geeigneten Fällen und in gehöriger Weise eintreten. Oft sind gerade hier die Verhältnisse derart, daß eine Milderung der Not nicht von der öffentlichen Armenpflege, nicht aus Mitteln der Gemeinde, sondern nur von der im stillen wirkenden Privatwohltätigkeit erwartet werden kann.«

»Wir wollen die günstige Entwicklung des Krankheitszustandes unserer Pfleglinge erleichtern. . . . , wir wollen aber nicht minder und auf jede geeignete Weise dahin streben, daß überhaupt die Fürsorge für die Irren zu einer Obliegenheit immer weiterer Kreise der Bevölkerung unseres Landes werde.« (!)

Diesen Aufruf vom 9. Mai 1874 hat neben *Ludwig* der Direktor des Landeshospitals Hofheim, Dr. *Sehrt*, unterschrieben und ebenso die Ärzte Hofheims und Heppenheims Dr. Dr. *Weber*, *Lehr*, *Werle* und *Wittich*, sowie die beiden Hausverwalter der genannten Anstalten, *Schmierer* und *Schaum*.

Der mir vorliegende erste Verwaltungsbericht der Heppenheimer Unterstützungskasse über das Jahr 1874 berichtet von erfreulichen Erfahrungen des hessischen Unternehmens, »welches bereits anderwärts, innerhalb und außerhalb Deutschlands, seit längerer Zeit in der segensreichsten Entwicklung begriffen ist, und in neuester Zeit mehr und mehr an Ausbreitung gewonnen hat.«

Daneben wird berichtet, es sei gegen die Bestrebungen der Hilfskasse eingewandt worden, sie seien gar nicht Sache der Privatwohltätigkeit, sondern vielmehr der Staats- und Gemeindeverwaltung. Da gerade dieser Einwand höchst modern anmutet, sei erwähnt, was *Ludwig* gegen ihn vorzubringen hat. Denn auch seine Widerlegung paßt fast wörtlich auf die heutige Zeit:

»Dem Staat und der Gemeinde fehlen zu den Verpflichtungen, die unsere Unterstützungskasse übernehmen will, die Mittel. Der Staat hat mit bedeutendem Geldaufwand die neue Anstalt gebaut (Heppenheim 1866!) und ermöglicht die Benutzung auch den Minderbemittelten zu geringem Satze. Dabei steigen die Ansprüche an die Leistungen der Anstalten fortwährend. (Anm.: man denke an unsere Zeit, an Arbeitstherapie, Frühentlassung, Außenfürsorge! »Rationalisierungsbestrebungen«). Der Staat geht mit seiner Pflegegeldforderung an die Gemeinde unter Umständen bis auf 45 Mk. im Jahr herab und gewährt sogar unentgeltliche Verpflegung für die Dauer der ersten vier Monate, falls unbemittelte Geisteskranke innerhalb der ersten zwei Monate ihrer Erkrankung der Anstalt zugeführt werden. (1874!)

Andererseits ist die Zahl der Gemeindepfleglinge groß; Armut und Not bilden eine ergiebige Quelle der Geistesstörung. Auch infolge der sozialen Verhältnisse nimmt die Zahl der Anstaltsaufnahmen von Jahr zu Jahr zu. Die Störung, welche z. B. die tägliche Arbeit und die Zeit der notwendigen Ruhe einer Arbeiterfamilie durch die Anwesenheit eines geisteskranken Angehörigen und durch die Verpflegung desselben in der eignen Häuslichkeit erleiden, muß heutzutage viel höher angeschlagen werden als dies früher nötig war.

So haben Staat und Gemeinde bei der Höhe, welche die Steuern (!) bereits erreicht haben, und bei dem Umfang der Anforderungen, welche heutzutage von den verschiedensten Seiten her an sie gestellt werden, (sic! 1874!) für die Ziele unserer Unterstützungskasse schlechterdings keine Mittel.

Ohne die Mitwirkung der Privatwohltätigkeit ist den nicht genesenen, sondern nur gebesserten und nur in beschränkter Weise arbeits- und erwerbsfähigen Pfleglingen der Rücktritt ins Leben nicht zu ermöglichen.«

Es ist weiterhin aus jenen Frühzeiten der Hilfsvereinsbewegung von großem Interesse, daß schon von *Ludwig* mindestens das Fehlen dessen, was wir heute unter Arbeitstherapie verstehen, aufs lebhafteste empfunden wurde, und daß schon er von dem Wert, den die Psychiatrie heute der Frühentlassung beilegt, überzeugt gewesen ist. In dieser Hinsicht schreibt er zu den Zielen seiner Unterstützungskasse:

»So manche Kranke sind außerhalb der Anstalt besser und zweckmäßiger untergebracht .... Wider ihren Willen von den Geistesgesunden geschieden und einer Art und Weise der Beschäftigung gegenüber, welche ihren Wünschen oder ihren Kenntnissen und Fertigkeiten nicht entspricht, finden nicht wenige dieser Kranken die für die Linderung ihrer Leiden doch so unendlich wichtige Freudigkeit zur Arbeit innerhalb der Anstalt niemals. Es unterliegt ja überhaupt keinem Zweifel (!!), daß für gar manche Pfleglinge der Irrenanstalt, insbesondere nachdem der Verlauf des krankhaft veränderten Seelenzustandes eine gewisse Schlaffheit und Einförmigkeit angenommen hat, der fortgesetzte Aufenthalt in den immerhin künstlichen Verhältnissen der Anstalt die ernste Gefahr mit sich bringt, daß die erwähnte Entwicklungsstufe der Krankheit förmlich erstarrt und unfähig wird zu jeder weiteren günstigen Veränderung, während die rechtzeitige Rückkehr des Kranken in die Verhältnisse des gesunden Lebens imstande gewesen wäre, den Krankheitsverlauf in der wohltätigsten Weise anzuregen und in günstigere Bahnen überzuführen.«

Dem Rechenschaftsbericht vom Jahre 1874 und übrigens auch noch lange Jahre hindurch seinen Nachfolgern ist ein namentliches Verzeichnis der Geber angefügt. Neben *Ludwigs* weiterer Familie und Freundschaft begegnet man unter den Gebern von vornherein den dankbaren Angehörigen von Pfleglingen, und es finden sich auch bereits Sparkassen, die der Unterstützungskasse eine Zuweisung geben. Man rechnete noch mit Gulden und Kreuzern! Und neben den kleinen Gaben bis zu 30 Kreuzern herab, erscheinen bereits Geber mit 100, ja mit 1000 Gulden als einmaliger Gabe, letztere, wie ich hörte, von Eltern eines epileptischen Sohnes, dessen sich *Ludwig* Jahre hindurch ärztlich und menschlich ganz besonders angenommen hatte. Mit 2177 Gulden und 14 Kreuzern Vermögen trat die Unterstützungskasse am 1. Januar 1875 in das zweite Jahr ihres Bestehens.

Noch heute erinnert sich des Gründers Tochter, Frau Med.-Rat Dr. *Bieberbach* aus ihrer Kindheit gerne, wie es einen allgemeinen Freudentag für die Anstalt Heppenheim bedeutete, als die ersten Unterstützungen gewährt werden konnten. Es blieb ihr im Gedächtnis haften, daß mit der ersten Gabe einem alten Mütterchen, welches zum Besuche des Sohnes aus dem Odenwald mühselig herbeigereist war, der Ankauf einer neuen Geiss ermöglicht wurde: so notwendig die alte gewesen war, man hatte sich von ihr getrennt, um durch den Verkauf die Mittel zur Reise aufzubringen.

II.

Nun wuchs in den nächsten Jahren durch *Ludwigs* unablässige Bemühungen der Kreis derer, die an den Zielen der Unterstützungskassen Interesse nahmen, immer mehr. Das ganze Land wurde nach *Ludwigs* Ideen mit einem Netz von Vertrauensmännern überzogen, denen die jährlichen Berichte der Unterstützungskassen in gewünschter Anzahl zugeleitet wurden. Sie verwendeten sie im Interesse der Ausbreitung der guten Sache namentlich zur Zeit der alljährlich stattfindenden Kollekte und überreichten sie jedem der freundlichen Geber. In den Jahresberichten finden sich von *Ludwigs* Hand auch anschauliche Schilderungen, wem im einzelnen geholfen wurde, und selbstkritisch wird auch nicht verschwiegen, wo durch die Hilfe der Kasse das Ziel, den betreffenden Kranken wieder als tätiges Glied in das öffentliche Leben einzuordnen, nicht erreicht wurde. Die ersten Statuten der Unterstützungskassen aus dem Jahre 1874 legen die Verwendung der Kassenmittel fest und bestimmen die Modalitäten der Unterstützung im Sinne des bereits erwähnten. Im einzelnen sei noch angeführt:

»Die Kasse wird durch die Beamten der Anstalt verwaltet unter Oberaufsicht der Provinzialdirektion. Die Beschlüsse der Beamten auf Unterstützung werden in geeigneten Fällen vorbereitet und zur Ausführung gebracht durch die Mitwirkung in der Heimat der Pfleglinge wohnender und mit den lokalen Verhältnissen bekannter Vertrauenspersonen (Schutzpatrone der Pfleglinge). Dieselben werden von den Beamten der Anstalt gewählt und sachgemäß instruiert (!). Die Führung der Rechnung und der Kasse liegt dem Rechner der Anstalt ob.

Über von der Kasse geleistete Zahlungen quittiert je nach der Natur des Falles der Pflegling selbst oder die Vertrauensperson, eventuell, wo besondere Diskretion zu wahren ist, der Arzt.

Alljährlich wird ... ein öffentlicher Bericht über den Stand der Kasse und die stattgehabte Verwendung der Mittel erstattet ...«

Diese Statuten haben dann 1885 und 1887 einen Ausbau erfahren. Aus ihm geht hervor, daß sich die Unterstützungskasse ihre Ziele weiter steckte! Die Mittel und Kräfte des Vereins sollten nunmehr (nach § 2 der Statuten) dazu dienen, »das richtige Verständnis des Irreseins (!) und der Irrenanstalten zu erleichtern und zu verallgemeinern, das Interesse für die Irrenanstalten des Landes und deren zweckmäßige Benutzung überall zu wecken und zu fördern, und die Aufmerksamkeit und Tätigkeit immer weiterer Kreise der Bevölkerung auf das Wohl der Irren zu richten und an der sachgemäßen Fürsorge für dieselben zu beteiligen.« Ein weitgestecktes, noch heute des Erreichens würdiges Ziel! Eine Aufgabe, wie sie sich beispielsweise die amerikanische Bewegung der Mental-Hygiene des Clifford Wittingham Beers in modern erweiterter und ausgebauter Form noch heute stellt!

Die erstmals auf Grund der bis dahin gesammelten Erfahrungen 1885 erweiterten Statuten sehen auch ein sogenanntes Kuratorium der Unterstützungskasse vor. Es besteht aus der Verwaltung der Kasse (Ärzte, Anstaltsrechner), den Anstaltsgeistlichen, den Oberbürgermeistern der drei Provinzialhauptstädte des Landes und neun aus den Vertrauensmännern gewählten Mitgliedern. Dies Kuratorium trat und tritt noch heute alljährlich im Mai zu einer Sitzung (meist in Heppenheim) zusammen. Weiterhin soll jetzt eine Generalversammlung der Vertrauensmänner des ganzen Landes alle drei Jahre (Anm.: später alle fünf Jahre) stattfinden. Nach § 31 dieser zweiten Fassung der Statuten soll in den Jahren, in welchen die Generalversammlung der Vertrauensmänner stattfindet »eine für jedermann verständliche Abhandlung über allgemein wichtige Fragen der Irrenheilkunde und der praktischen Irrenpflege« erscheinen.

Wiederum neue aber nicht wesentlich veränderte Statuten brachte das Jahr 1887. Die Änderungen erwiesen sich notwendig, weil die Generalversammlung der Vertrauensmänner im Herbst

1886 die Vereinigung der bis dahin getrennten Unterstützungskassen Hofheims und Heppenheims gebracht hatte.

Im Sinne der vorerwähnten §§ 2 und 31 ist dann die Tätigkeit der Unterstützungskasse, die sich von 1898 ab den »kürzeren und die in den Statuten gestellten Aufgaben mehr erschöpfenden Namen Hilfsverein für die Geisteskranken in Hessen« beilegte, durch *Ludwig* planmäßig ausgebaut worden. Immer mehr gestaltete er so seinen Hilfsverein durch die Abhandlungen, die er den Vertrauensmännern im Lauf der Jahre zugehen ließ, und durch die ausführlichen plastischen Jahresberichte, ebenso durch die Verhandlungen in den Sitzungen der Vertrauensmänner und des Kuratoriums zu einem Parlament im kleinen, von dem aus die wertvollsten Anregungen in allen das Interesse der Psychiatrie berührenden Fragen an die Hessische Kammer der Landstände gingen: es war eine großzügige Arbeit in Dingen der, würden wir heute sagen, psychischen Hygiene, eine unablässige Aufklärungsarbeit, die der Verein im Interesse der Geisteskranken im Lande betrieben hat! Die Ziele des Hilfsvereins faßt *Ludwig* im Jahresbericht von 1896/97 (!) in sechs »bereits in früheren (!) Berichten enthaltene Sätze« zusammen, die so recht die innere Verbundenheit von Hilfsvereins-Zielen mit den Bestrebungen der psychischen Hygiene aus unseren Tagen dartun und denjenigen, der sich in diese Dinge vertieft, darüber belehren, daß auch die vor uns lebenden Generationen »moderne« Wege wandelten, und daß man mit Druckerschwärze nicht vorsichtig genug umgehen kann, will man nicht Gefahr laufen, wertvolles Erbgut mit ihr zu verschütten!

Die erwähnten Sätze lauten im Auszug:

»Die Fürsorge für die Irren und die zukünftige Gestaltung des hessischen Irrenwesens überhaupt muß zu einer Obliegenheit immer weiterer Kreise der Bevölkerung werden .....«

»Die noch so vortrefflich ausgestattete Irrenanstalt leistet um so weniger, je mehr sie der Unterstützung und der Mitwirkung der Bevölkerung des betreffenden Landes entbehrt.«

»Neben der seither allein vorhandenen, der Staatsregierung vorbehaltenen Irrenfürsorge von oben nach unten ist eine in der breiten Masse des Volkes wurzelnde zweckmäßig organisierte Tätigkeit einzuleiten, die sich nach demselben Ziel von unten nach oben bewegt.«

»Mit zunehmendem sachlichem Verständnis soll sich das die Gewissen anregende Bewußtsein immer mehr ausbreiten, daß jeder einzelne im Land, ob vornehm oder gering, ob reich oder arm, für den Zustand und den Wert der öffentlichen Irrenfürsorge mitverantwortlich sei.« »Die.. überall im Land zerstreuten und allen Schichten des Volkes angehörenden zahlreichen Vertrauensmänner und ... das Kuratorium bilden die Instanzen, welche nicht allein zur Belehrung und Aufklärung der Allgemeinheit berufen, sondern ferner auch verpflichtet sind, die auf die Verbesserung der hessischen Irrenfürsorge gerichteten Beschlüsse und Anträge der Generalversammlung des Vereins zur

Kenntnis der Staatsregierung zu bringen und einer geeigneten Berücksichtigung zu empfehlen.«

»Der Anschluß an unseren Verein und die tätige Teilnahme an unseren Bestrebungen steht nicht im Belieben jedes einzelnen, sondern erscheint als eine sittliche und patriotische Pflicht aller.«

Daß im Sinne gerade des letzten Satzes die organisatorische Arbeit reiche Früchte trug, zeigte die ständig ansteigende Geberzahl: bis zu 71000 Landeskinder bezeugten zuletzt ihr Interesse am Hessischen Hilfsverein durch Zuwendungen je nach ihrem Können. Neben dem kleinen Manne aus dem Volke, dessen Beitrag nach Pfennigen ging, beteiligte sich der Mittelstand mit reicheren Gaben, die Sparkassen des Landes gedachten alljährlich des Vereins, die Staatskasse gab vom Jahre 1886 ab alljährlich 1000 Mk., der Landesfürst war Geber, ja 1897 spendete »durch Vermittlung Sr. Exzellenz des Herrn Staatsministers Finger« der Kaiser von Rußland dem Hilfsverein 1000 Mark. Daneben wurde der guten Sache in letztwilligen Verfügungen mit z. T. sehr erheblichen Vermächtnissen (bis zu 30000 Mark im Einzelfall 1916!) gedacht, und so war vor dem Kriege ein Vereinsvermögen von etwa 150000 Mark vorhanden, dessen Zinsen zusammen mit dem größten Teil der jährlichen Kollekte den Zwecken sozialer Psychiatrie in weitherzigster Weise dienstbar gemacht wurden.

Mindestens in gleichem Maße wie die vom Verein geübte Wohltätigkeit ist aber die (s. o. § 2!) von ihm, das heißt von *Ludwig* geübte Aufklärungsarbeit in Sachen des Irrenwesens einzuschätzen. Seine nimmerrastende Feder verfaßte in klarer Kaligraphie die anschaulichen, außerordentlich nützlichen Jahresberichte und eine ganze Anzahl von Einzelabhandlungen, die dem Kuratorium, den Vertrauensmännern und damit dem Volke psychiatrische Fragen in allgemein faßlicher Form zur Kenntnis brachten. In Auflagen bis zu 70000 ins Land hinaus gegeben bereiteten sie im Volke den Boden dafür, daß der Hessische Landtag im Laufe der Zeit die notwendigen Summen für eine psychiatrische Universitätsklinik in Gießen (1896) und zwei weitere Landesanstalten in Alzey (1908) und Gießen (1910) bewilligte! Diese Hilfsvereins-Jahresberichte und -Einzelveröffentlichungen könnte man auch *Ludwig*s private »psychiatrische Jahrbücher« nennen. — An einzeln abgehandelten Fragen seien erwähnt:

Über Nutzen und Schaden von Presseveröffentlichungen über Anstalten. 1882 (Jahresbericht).

Über die Schädlichkeiten des Alkoholmißbrauchs insbesondere des Branntweingenusses. 1883 (Jahresbericht).

Die Überfüllung der Landes-Irrenanstalten Hofheim und Heppenheim, ihre Ursachen und Folgen und die Mittel zur Abhilfe. Im Auftrag (!) des Kuratoriums (!) der Unterstützungskasse für bedürftige Pfleglinge der Anstalt dargestellt von dem Präsidenten des Kuratoriums, Geh. Med.-Rat Dr. *Ludwig* 1886.

26 Leitsätze zur Frage: »Erschwert die Höhe der... Pflegegelder die Aufnahme der Kranken in die Anstalt, führt sie zu verfrühter Zurücknahme der Kranken aus derselben, gefährdet sie das Wohl der betroffenen Familien? Welche Erfahrungen stehen den Vertrauensmännern in diesen Beziehungen zu Gebot?« 1892.

Die äußeren Ursachen der sogenannten Wärternot. 1898 (Anm.: Auch in der Allg. Zeitschrift für Psychiatrie, Bd. 54 veröffentlicht.)

»Die Verhandlungen der 6. Generalversammlung der Vertrauensmänner der Unterstützungskasse über die Errichtung ausschließlich für Geisteskranke bestimmter provinzieller Pflegeanstalten (Genesungshäuser)« 1898.

III.

Die aufsteigende Kurve, die sich im Leben des Hessischen Hilfsvereins auch nach *Ludwigs* Tod (3. 5. 1910) unter seinem Nachfolger, Herrn Geh. Med.-Rat Dr. *Bieberbach* fortsetzte, brach infolge des Weltkriegs, mehr noch durch dessen Folgeerscheinungen, Inflation und wirtschaftlichen Niedergang, jäh ab!

Seit der Stabilisierung haben sich die Verhältnisse im Verein aber Jahr um Jahr gebessert. In mühevoller, jahrelanger Arbeit wird wieder aufgebaut, was Krieg und Inflation vernichtet haben. Wirtschaftliche Hilfe im Sinne des Vereins an Kranke und ihre Angehörigen kann in reichem Maße wieder gewährt werden. In erheblichem Umfang ist so manche namentlich auch verschämte Armut und Not gelindert worden. Die Geberzahl geht auch heute wieder in die 10000-e und nähert sich dem Vorkriegsstand. Das Interesse im Lande an dem Verein ist zweifellos ein starkes.

An seiner Erhaltung ist seit Kriegsende unter der Leitung des derzeitigen Vorsitzenden, des Herrn Direktors Prof. Dr. *Dannemann*-Heppenheim eifrig gearbeit worden. Im Sinne *Ludwigs* ist in der allgemeinen wie in der Fachpresse nicht nur für den Verein immer wieder geworben worden, sondern darüber hinaus sind die Mitglieder wenigstens des Kuratoriums über die Fragen, die z. Zt. die Psychiatrie bewegen, orientiert worden. Freilich konnten mit Rücksicht auf die Zeitumstände und auf die finanzielle Lage des Vereins die Kuratoriumssitzungen nicht alljährlich stattfinden, und eine Generalversammlung der Vertrauensmänner konnte seit 1909 nicht mehr einberufen werden. Als Ersatz dafür hat sich aber gerade in letzter Zeit ein Weg gefunden, der in sehr glücklicher Weise regere Beziehungen zwischen dem Vereinsvorstand und den Vertrauensmännern anzubahnen geeignet ist. Die Landesversicherungsanstalt Hessen hat in einer Wanderausstellung für Gesundheitspflege und soziale Fürsorge der hessischen Psychiatrie dankenswerterweise Raum für eine Sonderschau der Heil- und Pflegeanstalten des Hessenlandes gewährt. In zahlreichen Diapositiven wird hier dem Besucher die »Behandlung Geisteskranker einst und jetzt« vorgeführt. In Vorträgen, die auf diese Bilder hinweisen und sich außerdem der bekannten Bildreihen des Deutschen Hygienemuseums, die das Anstaltsleben veranschaulichen, bedienen (Lichtbilderv rträge), bemühen sich die Ärzte der hessischen Heil- und Pflegeanstalten, in psychiatrischen Dingen aufklärend zu wirken, gerade im Sinne des obenerwähnten § 2 der Hilfsvereinsstatuten. Bei Gelegenheit solcher Vorträge ergeben sich dann ganz von selbst weitgehende Wirkungsmöglichkeiten für das Gedeihen auch des Hilfsvereins an sich. Die persönliche Berührung zwischen den vortragenden Ärzten und den Vertrauensmännern draußen auf dem Lande in den jeweils von der Wanderausstellung besuchten Orten wird sich gewiß segensreich für den Verein auswirken!

Die Kuratoriumssitzungen des Hilfsvereins in den letzten Jahren haben die Mitglieder über den Einfluß der Kriegs- und Nachkriegszeit auf die Hessischen Anstalten (1921 *Dannemann*), über die Frage der Außenfürsorge im benachbarten Baden (Vortrag Geh. Rat Dr. *Fischer*-Wiesloch als Gast), über die gleichen Bestrebungen in Hessen (1928 *Amrhein*) und über die Bewegung für psychische Hygiene (1928 *Schmeel*) unterrichtet.

Außerdem gedachte der Verein 1926, aus Anlaß des 100. Geburtstags *Ludwigs*, seines Gründers in einer Festsitzung. Vor einem großen Kreise von Kuratoriumsmitgliedern und Gästen, auch dem Herrn Innenminister, sprachen Geh. Med.-Rat *Sommer*-Gießen über die hessische Psychiatrie seit Philipp dem Großmütigen und das Lebenswerk *Ludwigs*; Prof. *Dannemann*-Heppenheim über das hessische Anstaltswesen seit *Ludwigs* Tod und seine gegenwärtige Lage; Med.-Rat *Schmeel* über Familiäres von *Ludwig*.

IV.

Werfen wir abschließend einen Blick auf den gegenwärtigen Stand des Vereins (Vorstand Prof. Dr. *Dannemann*, Med.-Rat Med.-Rat Dr. Dr. *Werner* und *Schmeel*, Rechnungsrat *Listmann*, 47 Kuratoriumsmitglieder (s. o.!), 856 Vertrauensmänner), so hat uns das laufende Geschäftsjahr, 1. 4. 28/31. 3. 29, aus der jährlichen Kollekte 24315,00 Mark von 47053 Gebern erbracht. Während in der Vorkriegszeit das ganze Ergebnis der Sammlung samt den Zinsen des Vermögens den Unterstützungen zugeführt wurde, konnte in der Nachkriegszeit neben reichlichen Gaben eine Rücklage — sehr im Interesse des Vereins, der damit festen Boden unter den Füßen gewinnt — geschaffen werden, welche die Inflationsverluste allmählich wieder ausgleicht. Möglich war das auch deshalb, weil heute die Fürsorgeverbände in anderer Weise als vor dem Kriege in vielen Fällen zur Hilfe herangezogen werden können. Indessen steigen die für Unterstützungen bewilligten Summen alljährlich und werden insbesondere dann noch steigen, wenn erst die in einigen Städten in Hessen ins Leben gerufene Außenfürsorge auch auf das Land übertragen werden kann, wo sie sich an die Vertrauensmänner des Hilfsvereins und schließlich auch an dessen finanzielle Mittel voraussichtlich sehr eng anlehnen wird.

Möchte die Allgemeinheit an den Zielen des Hilfsvereins ein immer lebhafteres Interesse nehmen, damit der Verein auch den erweiterten Aufgaben, welche die heutige Zeit bei der Außenfürsorge und bei den Bestrebungen der psychischen Hygiene an ihn stellt, gerecht werden kann! —

Vor der Stätte seines Wirkens hat man dem ersten Direktor der Heppenheimer Anstalt, Herrn Geh. Med.-Rat Dr. *Ludwig* einen Gedenkstein errichtet! Wenn wir auf ihm lesen »Ein Vorkämpfer für das Wohl der Kranken«, so bezieht sich diese Inschrift nicht zuletzt gerade auch auf diejenigen wohltätigen Unterstützungen, die *Ludwig* seinen Pflegebefohlenen mittels seines Hilfsvereins gewähren konnte!

Der Niederschlesische Hilfsverein für Geisteskranke.

(Sitz des Vorstandes: Leubus in Schlesien).

Von

Obermedizinalrat Dr. **Seemann**, Leubus.

In Schlesien bestand seit dem Jahre 1873 die Möglichkeit der Unterstützung der aus den Anstalten entlassenen Geisteskranken, nachdem der in demselben Jahre tagende Schlesische Landtag auf eine Vorlage der Landesdeputation die Verwaltungskommissionen der Pflegeanstalten ermächtigt hatte, »den aus diesen Entlassenen durch Geldunterstützung beizustehen und eine entsprechende Kontrolle über den Zustand solcher Pfleglinge zu organisieren«. Der Direktor der Heilanstalt Leubus, Dr. *Jung*, von der vorgesetzten Behörde gefragt, ob sich eine ähnliche Fürsorge auch für die aus der Heilanstalt Entlassenen empfehle, regte an, »einen Hilfsverein für alle Entlassenen zu gründen, dessen Zwecke aber weiter zu fassen und ihm die Aufgabe zu stellen, das Irrenwesen der Provinz nach allen seinen Beziehungen zu fördern«. Er entwarf Satzungen für den neuen Verein, nach denen dieser sich die Aufgabe stellte:

»a) Geisteskranken aus der Provinz Schlesien, insbesondere den aus den Irrenanstalten entlassenen Personen, mit Rat und Tat hilfreich an die Hand zu gehen, ihre Unterbringung an geeigneten Orten, ihre zweckmäßige Pflege, Leitung und Aufsicht zu überwachen, ihnen die Erlernung oder den Fortbetrieb eines Handwerks, überhaupt einen Broterwerb möglich zu machen, sie mit Geld, Werkzeugen usw. zu unterstützen und ihnen, wenn erforderlich, rechtzeitigen ärztlichen und religiösen Beistand zuzuführen;

b) über die vernünftige Behandlung Geisteskranker in der Bevölkerung das Verständnis zu wecken und zu verbreiten und darauf hinzuwirken, daß frisch Erkrankte schleunigst einer Anstalt übergeben werden«.

Auf Grund dieses umfassenden Programms fand am 21. Januar 1875 in der Anstalt Leubus die Konstituierung des Schlesischen Hilfsvereins für Geisteskranke

Dr. Jung

statt. Den Vorsitz übernahm der Gründer des Vereins, Direktor Dr. *Jung* in Leubus, dessen Bild wir hier bringen, die Kassengeschäfte der Rendant *Guttwein*, das Schriftführeramt der katholische Hausgeistliche Kuratus *Rinke*. Der Vorsitzende trat mit den verschiedensten Persönlichkeiten in der Provinz in Verbindung und hatte den Erfolg, daß bis zum Mai desselben Jahres 175 Personen mit einem Jahresbeitrag von 488 Mark dem Verein beitraten.

Die erste Generalversammlung des Vereins wurde am 10. Mai 1875 in Breslau abgehalten. Aus der groß angelegten Eröffnungsansprache des Vorsitzenden verdienen einige Punkte der Erwähnung: In Schlesien, das damals eine Einwohnerzahl von 3¾ Millionen hatte, waren 6361 »Blöd- und Irrsinnige« vorhanden, d. h. auf 585 Einwohner ein Geisteskranker. Davon waren 1376 in öffentlichen und privaten Anstalten untergebracht. Mindestens 4700 blieben (nach einer Schätzung aus dem Jahre 1871) übrig, für die nicht gesorgt war. Nach einer Aufrechnung erkrankten geistig in Schlesien durchschnittlich 10000 Personen im Jahre. Der größte Teil davon wurde allerdings nicht für geisteskrank »nach den landfäufigen Begriffen« gehalten, ein zweiter Teil starb im Beginn des Leidens, der Rest von etwa 3000, der für »wirklich geisteskrank« galt, »kam in die Zähllisten, auf die Exspektantenlisten und, lebte er lange genug, in die Anstalten«. Von diesen 3000 waren mindestens ¾ pflegebedürftig. Die Provinz hatte — die Privatanstalten mitgerechnet — etwa 1700 bis 1800 Plätze zur Verfügung. Der verbleibende Rest von ungefähr 1500 Kranken blieb seinem Schicksale überlassen, »höchstens öffnet sich ihm das Armenhaus oder erhält die Gemeinde seitens der Provinz einen Pflegezuschuß. Welches sein Los ist, sagen uns die Nachrichten, die fast täglich bei uns einlaufen. Wirkliche tätliche Mißhandlung, Spott und Hohn, Schläge und Hunger. Man steckt sie ins Gefängnis, weil sie arbeitsscheu seien; man prügelt sie, weil sie sich verstellten; haben sie gar ein Verbrechen, ein Vergehen begangen, so werden sie verurteilt, weil sie sich so dumm stellten; man überläßt sie sich selbst, der Kälte, dem Elende, weil es doch nicht schade sei, wenn so einer auch umkomme«. — Der Verein beabsichtigte über ganz Schlesien ein Netz von Zweigvereinen zu verbreiten und »nicht bloß den wirklich Kranken, den Gehirnsiechen, den Irren, die in häuslicher Pflege bleiben und in keine Anstalt gehören und kommen können, mit Rat und Tat beizustehen; wir wollen besonders auch nach Kräften dem Ausbruch des Irreseins vorzubeugen, den Ausgang in unheilbare schlimme, der Anstaltspflege bedürftige Formen nach Möglichkeit zu verhindern suchen, wir wollen vor allem für die Genesen- und Gebessert-Entlassenen sorgen, um diese vor Rückfällen zu bewahren« ..... »Wir wollen durch diese Fürsorge die kostspieligen, von der Gesellschaft zu ihrer eigenen Sicherung geschaffenen Einrichtungen, d. i. die

Anstalten, leistungsfähiger machen. Dadurch werden wir diese selbst auf eine höhere, eine sittlichere Stufe heben, denn die Heil- und Pflegeanstalten werden dann immer mehr Krankenhäuser werden, und die letzteren nicht bloß Arbeitshäuser sein oder Aufbewahrungsstätten für sogenannte Irre«. — »Unser Verein soll sich als Drittes eingliedern der Irrenpflege der Provinz, er soll die familiale Pflege kennen lehren, schaffen und erweitern. Er wird so indirekt die Anstalten entlasten, denen dann nur die eigentlich sog. heilbaren, die akut erkrankten, die gemeingefährlichen zufielen, nicht zu ewigen, sondern zu durchgehendem Aufenthalte«. — »Die Aufgabe, die wir uns stellen, ist eine eminent sittliche; es heißt so und so viele Familien vor dem Verfalle und der Verelendung bewahren. Soll unser Verein aber von dauernder Wirksamkeit sein und sich selbsterhaltendes Leben gewinnen, so muß sie auf breitester Grundlage ihre Lösung suchen. Sie ist so umfassend und greift so tief in alle privaten und öffentlichen Beziehungen des Lebens ein, daß nur ein gleichzeitiges Wirken vieler an den verschiedensten Orten in den verschiedensten Stellungen und Lebenslagen nach gleichen Grundsätzen dieses erreichen, d. h. eine wirkliche Fürsorge für diese Kranken schaffen kann«. Die Arbeit des Vereins gelte »nicht bloß einem Zweige der Armen -und Waisenpflege, sondern einer Kulturaufgabe, einem zivilsatorischen und sozialen Problem, einer Aufgabe allgemein menschlicher und volkswirtschaftlicher Bedeutung«. Diese Eröffnungsansprache, die, wie man sieht, ganz morderne Gedanken hinsichtlich offener Fürsorge und psychischer Hygiene enthält, wurde ergänzt durch einen offenbar ebenfalls von Dr. *Jung* herrührenden Aufsatz »Über die Ursachen des Irrseins und was der Verein dagegen tun soll«. Darin werden »Überarbeitung, Überbürdung in Schule und Amt, Beruf und Tagwerk, geistige und leibliche Überanstrengung, gemütliche Überlastung (Gemütserschütterung namentlich bei ungenügender Nahrung und fehlender Nachtruhe)« als »Hauptursache des Irrseins« bezeichnet. Der Einfluß der Trunksucht bei der Entstehung der Geistesstörungen wird gebührend gewürdigt und eine Zunahme der Zahl der Irren festgestellt.

An der Spitze des Schlesischen Hilfsvereins stand ein Ausschuß (Zentralkomitee), der den Vorstand wählte. Außerdem sollten an verschiedenen Orten Zweigvereine (Bezirkskomitees) entstehen. Dem am 9. 7. 1875 in Breslau zusammentretenden Zentralkomitee wurde der Entwurf zu einer Einladung zum Beitritt in den Verein vorgelegt, der in die Provinz verschickt, von mehreren Zeitungen kostenfrei abgedruckt und von verschiedenen Landräten in die Kreisblätter eingerückt wurde. Der Erfolg war ein erfreulicher.

Auf der ersten Generalversammlung waren in das Zentralkomitee folgende Herren gewählt worden: Dr. *Alter*, dirig. Arzt in Brieg; S.-R. Dr. *Brückner*, Direktor in Kreuzburg; von *Forckenbeck*,

Oberbürgermeister in Breslau; S.-R. Dr. *Jakobi*, Direktor in Bunzlau; Dr. *Jung*, Direktor in Leubus; R.-R. *Marcinowski*, Landessyndikus in Breslau; Dr. *Neumann*, Professor in Pöpelwitz; Dr. *Pistor*, Med.-Rat in Oppeln; Graf von *Pückler*, Landeshauptmann in Breslau; S.-R. Dr. *Timpf* in Löwenberg (als Arzt der Anstalt Plagwitz); Dr. *Wolff*, Med.-Rat in Breslau; von *Wrochem*, Landrat in Wohlau.

Am 22. 5. 76 zählte der Verein bereits 480 ordentliche Mitglieder und 15 Kommunen. Am 26. 5. 76 trat das Zentralkomitee zum zweitenmal in Breslau zusammen.

Die vom Verein gewährten Unterstützungen wurden größtenteils durch Vertrauenspersonen vermittelt. »Geistliche, Schullehrer und Ärzte, an die wir uns deshalb wandten, haben stets bereitwillig die Vermittlung übernommen und sich der weiteren Fürsorge für die Kranken unterzogen«. »Im allgemeinen waren die Berichte, die wir von unseren Schützlingen erhalten haben, befriedigend; keiner ist rückfällig geworden; es ist uns geglückt, fast allen eine gesicherte Existenz zu schaffen«.

Unter den 546 Beitrag zahlenden Mitgliedern des Jahres 1876 befand sich die Arbeiterunterstützungskasse in Laurahütte, deren Beispiel in dem Jahresbericht als besonders nachahmenswert empfohlen wurde. Derselbe Bericht ließ sich eingehend über die Aufgaben der Vertrauensmänner aus, deren Erwerbung er als eine Lebensfrage des Vereins bezeichnete. Er sagte u. a.: »Es wird daher die Aufgabe des Vertrauensmannes sein, die Umgebung über die richtige Behandlung des Entlassenen zu belehren, seine Umgebung, Vorgesetzten und Brotgeber zu Geduld und Nachsicht mit dem Entlassenen zu ermahnen, diese zu ersuchen, über manches fürs erste hinwegzusehen und den Entlassenen selbst über alles erste Schwere in den neuen Verhältnissen hinwegzuheben. Er wird jeder Roheit in dem Verkehr mit dem Entlassenen steuern, er wird ratend und ermahnend auf Beide, den Entlassenen und seine Umgebung einwirken; er wird vor allem lehren müssen, das Unglück ehren und den Menschen in demselben achten«.

Im Jahre 1876 trat der Verein an die Kreistage mit der Bitte um Beihilfe heran, die nach dem Vorgange des Kreisausschusses Grünberg von den meisten Kreisen erfüllt wurde. In diesem Jahre erhielten bereits 50 Personen eine einmalige und 28 eine laufende Unterstützung.

Auf der Tagung des Zentralkomitees am 28. 5. 78 wurde beschlossen, nochmals einen Aufruf zum Beitritt zu dem Verein in den Zeitungen zu veröffentlichen, denn obgleich die Zahl der Mitglieder inzwischen auf 616 gestiegen war, hatten sich die Einnahmen von 1157 Mk. im Jahre 1875 auf 501 Mk. verringert. Der Bericht über das Geschäftsjahr 1878 brachte eine Abhandlung über den Wert der Frühaufnahmen, über die Stellung der Irren-Heil- und Pflegeanstalten und über Maßnahmen zur Verhütung des Irreseins. Die Jahresberichte wurden an alle Mitglieder verschickt. Für ein gewisses auswärtiges Interesse am Verein spricht die Tatsache, daß auf Ersuchen Berichte nach Oldenburg, Oberitalien und Rußland gesandt wurden.

Außer den schon erwähnten Abhandlungen wurden mit den Jahresberichten allgemein verständliche Aufsätze veröffentlicht z. B. »Über die Behandlung aus der Irrenanstalt entlassener Personen« (Dr. *Jakobi*), »Welches sind die ersten Erscheinungen des Irrseins und wie sind diese zu behandeln« (Dr. *Jung*), und »Vom Besuchen der Pfleglinge der Heilanstalt durch ihre Angehörigen« (von einem Geistlichen). In den Jahresberichten bis zum Kriege finden sich vielfach Schilderungen der persönlichen und wirtschaftlichen Verhältnisse der einzelnen Unterstützten und Hinweise auf den durch den Hilfsverein gestifteten Segen.

Im Jahre 1884 trat S.-R. Dr. *Jung* von der Direktion der Anstalt Leubus zurück und überließ den Vorsitz im Hilfsverein seinem Amtsnachfolger S.-R. Dr. *Alter*. In dem Mitgliederverzeichnis desselben Jahres findet sich der damalige II. Arzt der Anstalt Leubus Dr. *Kräpelin*.

Durch Kabinetts-Ordre vom 14. 10. 89 wurde dem Verein das Recht einer juristischen Person verliehen. Daraufhin verfügte der Landeshauptmann, daß der Verein selbständig über die im Hauptverwaltungsetat vorgesehene Summe (7500 Mk.) verfügen durfte, während bis dahin in jedem einzelnen Falle die Unterstützung vom Landeshauptmann erbeten werden mußte.

Seit dem Jahre 1891 hat der Verein eine kleine Einnahme dadurch, daß mit Genehmigung des Landeshauptmanns von den Besuchern des Klosters Leubus eine Gebühr für die Besichtigung der sehenswerten Säle des Klosters (Fürstensaal, Bibliothek und Refektorium) erhoben werden darf. Außerdem geht der Erlös aus dem Verkauf von Ansichtskarten in die Kasse des Hilfsvereins.

Zu erwähnen ist ein Referat des Direktors Dr. *Klinke* (zuletzt Freiburg i. Schl.) vom Dezember 1905: »Über die Ausbreitung des Schlesischen Hilfsvereins für entlassene Geisteskranke«, in dem er u. a. vorschlägt, die Mitgliederzahl und die Einnahmen durch Herausgabe von Flugblättern und Schilderungen in der Presse und durch Aufstellen von Sammelbüchsen in den Aufnahmeräumen der Anstalten zu erhöhen. Ein ausführlicher Bericht des damaligen Vorsitzenden des Hilfsvereins, Geh. S.-R. Dr. *Alter*-Leubus, vom Februar 1908 mußte feststellen, daß den besonders in den ersten Jahren der Vereinstätigkeit herausgegebenen populären Aufsätzen ein nennenswerter Erfolg leider nicht beschieden war, und beklagt, daß aus Mangel an Mitteln manche Hilfsbedürftige nicht unterstützt werden konnten.

Im Jahre 1912 legte Geh. S.-R. Dr. *Alter* infolge seines Übertritts in den Ruhestand den Vorsitz des Hilfsvereins nieder. Ihn übernahm sein Nachfolger auf dem Leubuser Direktorposten S.-R. Dr. *Dinter*. Dieser fügte dem Jahresbericht 1913 einen Abdruck der »Allgemeinen Bedingungen für die Aufnahme von Privatkranken in die Schlesischen Prov.-Heil- und Pflegeanstalten« und eine Druckschrift: »Gegen die Zunahme der Geisteskranken« bei.

Der Krieg griff naturgemäß auch in die Tätigkeit unseres Vereins verhängnisvoll ein. Die Mitgliederzahl ging erheblich zurück, die Möglichkeit, entlassene Kranke zu unterstützen wurde immer geringer, die Jahresberichte schrumpften immer mehr zusammen.

In der schlimmsten Nachkriegszeit (April 1919) wurde S.-R. Dr. *Dinter* versetzt und an seine Stelle S. R. Dr. *Linke* zum Direktor der Anstalt Leubus berufen, der nunmehr den Vorsitz im Hilfsverein übernahm. Während der bald einsetzenden Inflation konnten aus Mangel an Mitteln Jahresberichte nicht mehr gedruckt werden, viele Mitglieder erklärten ihren Austritt aus dem Verein, im September 1923 mußte die Zahlung aller laufenden Unterstützungen eingestellt werden, kleine einmalige Unterstützungen wurden lediglich durch den Verkauf von Ansichtskarten und durch die Einnahmen für die Besichtigung der Säle im Kloster Leubus ermöglicht. Nachdem die Abtretung eines Teiles von Oberschlesien an Polen dem Verein einen neuen Verlust an Mitgliedern gebracht hatte, kam das Staatsgesetz, das Oberschlesien als selbständige Provinz von Gesamtschlesien abtrennte. Der Verein mußte infolgedessen seine Tätigkeit auf die neue Provinz Niederschlesien beschränken und nennt sich seitdem »Niederschlesischer Hilfsverein für Geisteskranke«. Die Mitgliederzahl, die vor dem Kriege rund 2000 betragen hatte (darunter 70 Kreise), betrug im Jahre 1924 nur noch 1370. Nachdem sie im Geschäftsjahr 1925 eine geringe Steigerung erfahren hatte, ging sie im folgenden sogar auf 1181 zurück; der Appell des Vorsitzenden im 50. Jahresberichte und seine Ausführungen über die Notwendigkeit der Entlassenen-Fürsorge hatten also nichts gefruchtet. Die Ursachen dafür, daß weitere Kreise für die offenbar gemeinnützigen Bestrebungen des Hilfsvereins nicht zu gewinnen sind, liegen wohl in der allgemeinen wirtschaftlichen Not, die hier in Schlesien besonders groß ist. Eine betrübliche Illustration dieser Verhältnisse ist die Tatsache, daß zwei Niederschlesische Kreisverwaltungen, langjährige Mitglieder unseres Vereins in der jüngsten Zeit »infolge schwieriger wirtschaftlicher Verhältnisse« sich gezwungen sahen, ihren Beitrag zurückzuziehen und ihre Mitgliedschaft aufzukündigen.

Im Sommer 1927 entriß der Tod den Vorsitzenden des Vereins S.-R. Dr. *Linke*, seinem Wirkungskreise. Zu seinem Nachfolger als Direktor der Anstalt Leubus wurde der Unterzeichnete ernannt und am 25. 10. 27 zum Vorsitzenden des Niederschlesischen Hilfsvereins gewählt.

Die Zahl der Vereinsmitglieder betrug nach der letzten Zusammenstellung 1118, darunter befanden sich 35 Kreise, Stadt- und Landgemeinden.

An Beiträgen gingen im letzten Rechnungsjahre von Einzelmitgliedern aus den Sammelstellen 1881 RM. ein. Dazu kamen an Beihilfen von Kreisen und Gemeinden 872 RM. und aus Provinzialmitteln wurden 5000 RM. überwiesen. Die Einnahmen aus den Gebühren für Besichtigung der Säle im Kloster Leubus beliefen sich auf 2150 RM., der Erlös aus dem Verkauf von Ansichtspostkarten ergab 260 RM. Aus den in den Niederschlesischen Prov. Heil- und Pflegeanstalten aufgestellten Sammelbüchsen konnten 13 RM. vereinnahmt werden.

An Unterstützungen wurden gezahlt:

1. 2000 RM. Reise- und einmalige Unterstützungen an 108 ehemalige Anstaltspfleglinge teils direkt, teils durch Vermittlung von Vertrauensstellen.
2. 7718 RM. laufende Unterstützungen durch Vermittlung von Vertrauensleuten an 50 ehemalige Kranke zur Besserung ihrer wirtschaftlichen Lage.

In einer ganzen Reihe von Fällen ermöglichte allein die vom Hilfsverein gewährte Unterstützung das Verbleiben der Kranken außerhalb der Anstalt. Der Hilfsverein arbeitet in dieser Hinsicht Hand in Hand mit der seit etwa drei Jahren nach Erlanger Muster in Niederschlesien eingeführten offenen Fürsorge. Der Fürsorgearzt der hiesigen Anstalt ist Vorstandsmitglied des Hilfsvereins.

Der Verein hat neuerdings in einem vom »Ostverlag« in Breslau herausgegebenen, u. a. den Klosterbau Leubus behandelnden Propagandawerk auf seine gemeinnützigen Bestrebungen hingewiesen. Auch hat der Unterzeichnete auf einer vor kurzem hier tagenden Konferenz der evangelischen Irrenseelsorger Niederschlesiens Gelegenheit genommen, für den Verein zu werben.

Der Vorstand des Niederschlesischen Hilfsvereins setzt sich z. Zt. folgendermaßen zusammen:

Vorsitzender: Der Unterzeichnete.

Stellvertr. Vorsitzender: Landesrat *Matthias*, Breslau.

Schriftführer: Pastor *Lindenau*, Leubus.

Stellvertr. Schriftführer: Med.-Rat, Dr. *Flemming*, Wohlau, Fürsorgearzt der Anstalt Leubus und Kommunalarzt des Kreises Wohlau.

Kassenführer: Pfarrer *Riedel*, Leubus.

Stellvertr. Kassenführer: Med.-Rat Oberarzt Dr. *Tausch*, Leubus.

Leubus i. Schlesien im Mai 1929.

gez. Dr. *Seemann*.

Prov. Obermedizinalrat, Direktor.

Der Oberschlesische Hilfsverein für Geisteskranke.

Von

Sanitätsrat Dr. **Bresler,** Kreuzburg.

Aus dem Umstand, daß aus der Provinz Schlesien die beiden Provinzen Niederschlesien (Regierungsbezirke Breslau und Liegnitz) und Oberschlesien (der bei Preußen verbliebene Teil des Regierungsbezirks Oppeln) geschaffen und damit auch der Provinzialverband Schlesien in einen solchen von Niederschlesien und Oberschlesien geschieden worden war, ergab sich die Trennung des Schlesischen Hilfsvereins für Geisteskranke in einen Niederschlesischen und Oberschlesischen. Der letztere wurde am 5. Dezember 1924 mit dem Sitz in Tost O. S. begründet. Es fand eine Vermögensauseinandersetzung zwischen den beiden neuen Vereinen statt.

Das Statut des Oberschlesischen Hilfsvereins lautet wie folgt:

Statut des Oberschlesischen Hilfsvereins für Geisteskranke.

§ 1.

In der Provinz Oberschlesien hat sich im Jahre 1924 ein Verein gebildet, welcher den Zweck verfolgt:

a) den aus den Prov.-Heil- und Pflegeanstalten der Provinz Oberschlesien entlassenen Personen mit Rat und Tat hilfreich an die Hand zu gehen, ihre Unterbringung an geeigneten Orten, ihre zweckmäßige Pflege, Leitung und Aufsicht zu überwachen, ihnen die Erlernung oder den Fortbetrieb eines Handwerks, überhaupt einen Broterwerb möglich zu machen, sie mit Geld, Werkzeugen usw. zu unterstützen und ihnen, wenn möglich, rechtzeitig ärztlichen und religiösen Beistand zuzuführen;

b) über die vernünftige Behandlung Geisteskranker in der Bevölkerung das Verständnis zu wecken und zu verbreiten und darauf hinzuwirken, daß frisch Erkrankte schleunigst einer Anstalt übergeben werden.

Der Verein führt die Bezeichnung: »Oberschlesischer Hilfsverein für Geisteskranke« und hat seinen Sitz in Tost in Oberschlesien.

§ 2.

Um den in dem § 1 bezeichneten Zweck zu erreichen, betraut der Verein, sofern nicht seine Mitglieder sich unmittelbar der Beaufsichtigung und Unterstützung der Geisteskranken widmen, mit dieser Beaufsichtigung und Unterstützung andere geeignete Personen.

§ 3.

Die Mittel, welche ihm zu dem Behufe zur Verfügung stehen, sind: die regelmäßigen jährlichen Beiträge der Mitglieder und ein jährlicher Zuschuß vom Provinzialverbande von Oberschlesien, dessen Höhe von Jahr zu Jahr vom Herrn Landeshauptmann von Oberschlesien festgesetzt wird.

§ 4.

Mitglied des Vereins und somit stimmberechtigt für die Generalversammlung (§ 9 bis 11) wird jede im Besitze der bürgerlichen Ehrenrechte befindliche Person, die sich zur Zahlung eines fortlaufenden jährlichen Beitrags von mindestens einer Mark verpflichtet.

Wer mit Zahlung des Jahresbeitrages (nach erfolgter Erinnerung) länger als drei Monate im Rückstande bleibt, wird der Mitgliedschaft verlustig und in der Vereinsliste gestrichen.

§ 5.

Der Verein wird geleitet in allen seinen Angelegenheiten und — einschließlich derjenigen, welche nach den Gesetzen eine Spezialvollmacht erfordern — geeignetenfalls mit Substitutionsbefugnis, vor Behörden und Privatpersonen gegenüber, vertreten durch einen aus sechs Personen bestehenden Vorstand.

Die betreffenden Personen werden von der Generalversammlung (§ 12) aus der Zahl der großjährigen Mitglieder (§ 4) erwählt.

Der Vorstand wählt aus seiner Mitte:

1. einen Vorsitzenden,
2. einen Kassierer,
3. einen Schriftführer

nebst den entsprechenden Stellvertretern.

Urkunden, welche den Verein vermögensrechtlich verpflichten sollen, sind unter dessen Firma vom Vorsitzenden und Schriftführer — oder deren Stellvertretern — zu vollziehen.

Zur Legitimation dieser Vorstandsmitglieder nach außen dient ein Attest des Kreis-Landrats, welchem zu dem Behufe die jedesmaligen Wahlverhandlungen mitzuteilen sind.

§ 6.

Der Vorsitzende (oder dessen Stellvertreter) leitet die Verhandlungen des Vorstandes sowie die Generalversammlungen.

Er beruft den Vorstand, so oft dies die Lage der Geschäfte erfordert, insbesondere binnen zwei Tagen alsdann, wenn zwei Mitglieder des Vorstandes unter schriftlicher Motivierung darauf antragen.

Die bezüglichen Einladungen erfolgen schriftlich unter Mitteilung der Tagesordnung.

§ 7.

Zur Beschlußfähigkeit des Vorstandes ist, den Vorsitzenden oder dessen Stellvertreter und den Schriftführer oder dessen Stellvertreter mit inbegriffen, die Anwesenheit von drei Mitgliedern erforderlich.

Die Beschlüsse werden nach der Stimmenmehrheit gefaßt. Nur bei Stimmengleichheit entscheidet das Votum des Vorsitzenden.

Über die bezüglichen Verhandlungen ist vom Schriftführer ein Protokoll aufzunehmen, welches von diesem und dem Vorsitzenden zu vollziehen und — gleich den übrigen Archivalien ders Vereins — vom Schriftführer aufzubewahren ist.

§ 8.

Der Kassierer führt und verwahrt die Vereinskasse.

Das Vereinsvermögen ist gemäß § 39 der Vormundschaftsordnung vom 5. Juli 1875 zinsbar anzulegen, die zu demselben gehörenden Inhaberpapiere sind sofort beim Erwerbe durch die Ortspolizeibehörde außer Kurs zu setzen.

Seitens des Kassierers ist in jeder Vorstandssitzung eine Übersicht des Vermögensstandes vorzulegen, welche zu den Akten genommen wird.

§ 9.

Zum ausschließlichen Geschäftskreise der Generalversammlung in welcher jedes persönlich erschienene Mitglied eine Stimme führt, gehört:

a) die Wahl des Vorstandes (§§ 12 bis 14);
b) die Feststellung des nächstjährigen Etats;
c) die Dechargierung der vom Kassierer aufzustellenden Rechnung für das abgelaufene Geschäftsjahr;
d) die Entgegennahme des vom Vorstand alljährlich zu erstattenden und der nächsten staatlichen Aufsichtsbehörde bzw. dem Herrn Landeshauptmann von Oberschlesien einzureichenden Geschäftsberichts;
e) jede Abänderung des Statuts;
f) die etwaige Auflösung des Vereins.

§ 10.

Der Vorstand stellt die Tagesordnung für die Generalversammlung fest und erläßt durch seinen Vorsitzenden die Einladung zu derselben.

Die Berufung einer Generalversammlung erfolgt, so oft dies der Vorstand nach Lage der Geschäfte für erforderlich erachtet, außerdem, und zwar binnen einer Frist von längstens vier Wochen, wenn zehn Vereinsmitglieder schriftlich beim Vorstande einen motivierten desfallsigen Antrag stellen.

Die Einladung wird unter Mitteilung der Tagesordnung durch einmalige mindestens acht Tage vor dem Termin zu bewirkende Insertion im Oberschlesischen Anzeiger und in der Oberschlesischen Volksstimme, und falls diese eingehen sollten, in ein anderes vom Vorstand auszuwählendes Blatt bewirkt.

§ 11.

Zur Beschlußfassung der Generalversammlung ist die Anwesenheit von vier Vereinsmitgliedern erforderlich.

Hat eine Generalversammlung wegen Beschlußunfähigkeit vertagt werden müssen, so ist die demgemäß einzuberufende neue Generalversammlung ohne Rücksicht auf die Zahl der anwesenden Mitglieder beschlußfähig, sofern auf diese Folge in der Einladung ausdrücklich aufmerksam gemacht ist.

Abgesehen vom Falle der Stimmengleichheit, bei welchem das Votum des Vorsitzenden entscheidet, werden die Beschlüsse nach der absoluten Stimmenmehrheit gefaßt.

Über die Form der Abstimmung — mündlich, verdeckt oder durch Akklamation — entscheidet — mit Ausnahme der Vorstandswahlen, welche vermittels Stimmzettel vorgenommen werden müssen, — das Ermessen der Versammlung.

Über die Verhandlung hat der Schriftführer ein Protokoll aufzunehmen, welches von ihm nebst dem Vorsitzenden und mindestens zwei anderen Vereinsmitgliedern zu vollziehen ist.

§ 12.

Gegenwärtig und bis zum Schlusse des Rechnungsjahres 1927 fungieren als Mitglieder des Vorstandes folgende Personen:

Direktor San.-Rat Dr. *Schütze*,
Oberarzt Dr. *Fuchs*,
Oberarzt Dr. *Schinke*,
Verwaltungsoberinspektor *Fellmann*,
Verwaltungsinspektor *Dittmann*,
Anstaltssekretär *Kremser*.

An deren Stelle ist in der gegen den Schluß des Jahres (cfr. § 9 a) anzuberaumenden Generalversammlung ein neuer Vorstand zu wählen, und zwar auf die Dauer von drei Geschäftsjahren, nach deren Ablauf in gleicher Weise eine Neuwahl erfolgt. Abtretende Mitglieder sind wieder wählbar.

§ 13.

Die Wahl jedes einzelnen Vorstandsmitgliedes ist in einem besonderen Wahlgange zu bewirken. Ergibt sich bei einer Wahl nicht sofort die nach § 11 Abs. 3 erforderliche Majorität, so sind bei einem zweiten Wahlgange nur diejenigen beiden Mitglieder zur engeren Wahl zu bringen, für welche vorher die der absoluten Majorität am nächsten kommende Stimmzahl abgegeben war. Sollten diese Mitglieder mehr als zwei gewesen sein, so müssen sie sämtlich zur engeren Wahl gestellt, und es muß mit letzterer so lange fortgefahren werden, bis sich die erforderliche Majorität ergibt.

§ 14.

Scheidet ein Mitglied innerhalb seiner dreijährigen Funktionsperiode aus dem Vorstande, so ist für die Zeit, während welcher dieses ausgeschiedene Mitglied noch zu fungieren gehabt hätte, eine Ergänzungswahl nach Maßgabe der §§ 12 und 13 zu veranlassen. Tritt die Notwendigkeit einer solchen Ergänzungswahl zu einem Zeitpunkt auf, in welchem die Lage der anderweitigen Geschäfte nach dem Ermessen des Vorstandes die Einberufung einer besonderen Generalversammlung nicht dringend notwendig macht, so ist der Vorstand befugt, die Vornahme einer förmlichen Wahl bis dahin, daß aus sonstigen Gründen die Einberufung einer Generalversammlung erfolgt, zu verschieben und sich einstweilen im Wege der einfachen Kooptation zu ergänzen.

§ 15.

Im Falle der Auflösung des Vereins geht das etwa vorhandene Vermögen zugunsten der Provinzial-Irrenanstalten in das Eigentum des Provinzial-Verbandes über.

§ 16.

Abänderungen des Statuts, welche den Sitz, den Zweck und die äußere Vertretung des Vereins betreffen, sowie Beschlüsse, welche die Auflösung des Vereins zum Gegenstande haben, bedürfen staatlicher Genehmigung.

Sonstige Statutenänderungen sind von der Zustimmung des Regierungspräsidenten der Provinz Oberschlesien abhängig.

Durch Beschluß der Generalversammlung vom 26. 9. 27 wurde der Sitz des Vereins nach Kreuzburg O.-S. verlegt.

Bestand aus dem Jahre 1926	14 052,70 RM
Die Einnahmen betrugen im Jahre 1927:	
a) Beitrag des Provinzialverbandes von Oberschlesien	6 000,— RM
b) Beiträge von Stadt- und Landgemeinden	763,— RM
c) Mitgliederbeiträge	2 546,87 RM
d) Zinsen und Kapitalumsatz	716,88 RM
Sa. der Einnahme	24 079,45 RM

Die Ausgaben betrugen im Jahre 1927:

a) laufende Unterstützungen in Höhe bis 30.— RM monatlich, gezahlt an 21 Personen, im ganzen	5 538,90 RM
b) einmalige Unterstützung an 59 Personen in Höhe bis 50.— RM, im ganzen	1 890,90 RM
c) Verwaltungskosten	1 293,24 RM
Sa. der Ausgaben	8 723,01 RM

Das Vermögen des Vereins betrug am Ende des Rechnungsjahres .... 15 356,41 RM

Wir haben im Laufe des Jahres mit Genehmigung der zuständigen Polizeibehörden durch Pfleger in Stadt und Land Mitglieder werben lassen. Bisher wurden auf diese Weise 683 neue Mitglieder geworben, so daß der Verein z. Zt. mit den vorhanden gewesenen 235 Mitgliedern 918 Mitglieder zählt. Wir werden, sobald wieder einige Pfleger zu diesem Zwecke in der Anstalt abkömmlich sind, in dieser Weise fortfahren.

Vertrauensmänner hat der Verein gegenwärtig 21.

Dr. Dick

Die Dick-Stiftung und der pfälzische Hilfsverein für Geisteskranke.

Von

Obermedizinalrat Dr. **Klüber,** Klingenmünster.

Der pfälzische Hilfsverein für Geisteskranke verdankt seine Gründung einer Anregung von Mitgliedern des »Vereins Pfälzer Ärzte« (einem der ältesten deutschen Ärztevereine). In diesem waren zur damaligen Zeit der jeweilige Kreismedizinalrat, die Amtsärzte und die praktischen Ärzte der Pfalz rein kollegial verbunden. Die damalige Ärzteschaft hatte glücklicherweise noch nicht unter den materiellen Tagessorgen zu leiden, wie sie die heutigen Sozialisierungsversuche (Krankenkassen!) mit sich bringen, sondern konnte mit gutem alten Korpsgeist idealere Ziele verfolgen, vor allem wissenschaftlicher Fortbildung obliegen und sich allgemein hygienischen Aufgaben (Hebung des allgemeinen Gesundheitszustandes der Bevölkerung) widmen. So gab u. a. auch dieser Verein Pfälzer Ärzte durch eine »Denkschrift an die allerhöchste Stelle« schon im Jahre 1846 den Anstoß zur Verbesserung des unhaltbar gewordenen pfälzischen Irrenwesens und zur Gründung der im Jahre 1852—57 erbauten und am 31. 12. 1857 eröffneten Irrenanstalt Klingenmünster.

Die im Schoße dieses Vereins pfälzischer Ärzte gepflogenen Vorberatungen (deren einzelne genaue Daten aus unseren Unterlagen nicht mehr zu ersehen sind) kamen in der Generalversammlung zu Neustadt a. d. Hdt. am 20. März 1880 zu einem Abschluß, indem dort ein provisorisches »Komitee« gewählt, die vorbereiteten Statuten angenommen und eine Einladung zum Eintritt in die »Dick-Stiftung, den pfälzischen Hilfsverein für Geisteskranke« beschlossen wurde. Die einleitenden Sätze dieser Einladung sind so charakteristisch für den Geist der Verfasser und der damaligen Zeit und erklären zugleich die Knüpfung des pfälzischen Hilfsvereins an den Namen des ersten Klingenmünsterer Anstaltsdirektors, *Hermann Dick,* daß sie hier im Wortlaut folgen sollen:

»Es ist eine schon oft gemachte Erfahrung, daß mit der Aufnahme und Behandlung der vom schlimmsten der Übel, einer Geistesstörung, Befallenen in die Anstalt noch nicht alles erschöpft sei, was zum Wohl dieser Unglücklichen geschehen könne und solle.

Dies hatte bei dem leider seinem Wirken zu früh entrissenen Direktor unserer Irrenanstalt, Hofrat Dr. *Dick*, schon länger den lebhaften Wunsch und Entschluß geweckt, einen Verein in der Pfalz ins Leben zu rufen zur Unterstützung seiner bedürftigen Schützlinge.

Der Tod rief ihn ab, bevor sein Projekt zur Ausführung kam. Der Tod kann und darf aber nicht verhindern, daß er noch gewissermaßen übers Grab hinaus für deren Zukunft sorge, denen er sein Leben weihte.

Um das Andenken seines Mitbegründers und seines eifrigen und hervorragenden Mitgliedes zu ehren, will der Verein Pfälzer Ärzte diese Erbschaft antreten und durch die Anregung zur Bildung eines Hilfsvereins für pfälzische Geisteskranke dem Verstorbenen ein Denkmal setzen, das seinem Herzen und Sinne mehr entspricht, als ein Monument von Stein. Seinen zahlreichen Freunden, seinen dankbaren Patienten, allen Wohltätern der leidenden Menschheit und Anhängern gemeinnütziger Bestrebungen und Werke soll hiermit Gelegenheit geboten werden zur Beihilfe bei der Ausführung dieses Vermächtnisses; alle Kreise der Bevölkerung, alle Korporationen, Kommunal- und Staatsbehörden werden zu möglichst zahlreichem Beitritte eingeladen und um ihre tätige Teilnahme und freundliche Unterstützung gebeten.

Denn nur auf dem Boden der öffentlichen und freiwilligen Wohltätigkeit und bei ausgedehntester Verbreitung kann ein Werk gedeihen, das, erhaben über alle sozialen, kirchlichen und politischen Zeit- und Streitfragen nicht allein einzelnen von Krankheit und Unglück betroffenen Personen und Familien zugute kommen soll, sondern eine Hebung des Volkswohles und einen Nutzen für die Gesamtheit erstrebt und in sich faßt.«

In der erwähnten Generalversammlung wurden auch die Statuten angenommen und beschlossen:

»§ 1. Zweck des Vereins ist:

1. Die leibliche und geistige Fürsorge für arme und bedürftige Geisteskranke, vor allem nach ihrer Entlassung aus der Kreis-Irren-Anstalt Klingenmünster, in den geeigneten Fällen aber auch während ihres Aufenthaltes in derselben.
2. Hebung der öffentlichen Irrenpflege, Verbreitung richtiger Ansichten über Wesen und Behandlung von Geisteskrankheiten.

§ 2. Zur Erreichung dieses Zweckes wird der Verein

1. die Aufnahme besonders frisch erkrankter Geisteskranker zu fördern suchen,
   die Familien armer Geisteskranker während deren Abwesenheit unterstützen,
   den geheilt, gebessert oder ungeheilt entlassenen Armen die Rückkehr in geordnete Lebensverhältnisse ermöglichen und denselben nach der Entlassung mit Rat und Tat beistehen,
2. durch direkte mündliche Belehrung und Verbreitung von verständlich geschriebenen Abhandlungen und Schriften die noch herrschenden Vorurteile über Irresein und Irrenanstalten zu bekämpfen streben.

§ 3. Alle Männer und Frauen, die einen Mindestbeitrag von einer Mark im Jahre bezahlen, sind Mitglieder des Vereins.

Wer zwei Jahre hindurch mit seinem Beitrage im Rückstand bleibt, wird als ausgetreten betrachtet und aus der Mitgliederliste gestrichen.

§ 4. Die Mittel des Vereins bestehen:

a) aus den Jahresbeiträgen der Mitglieder,
b) aus den einmaligen Spenden, sowie aus etwaigen Unterstützungen seitens der Gemeinden und Korporationen,
c) aus freiwilligen Schenkungen und Legaten,
d) aus den Zinsen eines zu bildenden Reservefonds.

§ 5. Die Leitung des Vereins, die Verwendung der fälligen Gelder liegt einem Ausschuß von fünf Mitgliedern ob, von denen zwei, der Direktor und Verwalter der Anstalt, ständige sind, die drei andern durch die Hauptversammlung alle zwei Jahre gewählt werden.

Wiederwahl ist zulässig.

Der Ausschuß ernennt aus seiner Mitte den Vorstand, Schriftführer und Kassierer.

§ 6. Mitglieder, die sich dazu bereit erklären, können vom Ausschusse zu Vertrauensmännern des Vereins ernannt werden. — Ihre Zahl ist nicht beschränkt. — Sie erheben die Jahresbeiträge der Mitglieder zur Kasse und leiten die Ausführung der vom Ausschusse im Sinne der Vereinszwecke angeordneten Beschlüsse. Sie bilden die Vermittler zwischen dem Ausschusse und den Vereinsmitgliedern, besonders in den Fällen, in denen Wünsche oder Anträge auf Unterstützung an den Ausschuß gebracht werden sollen.

§ 7. Der Ausschuß verwaltet das Vermögen und verwendet die Gelder zu Vereinszwecken nur nach gemeinsamen Beschlüssen.

Zu seinen, je nach Bedarf stattfindenden Sitzungen werden auch die übrigen Oberbeamten und Geistlichen der Anstalt eingeladen.

§ 8. Jährlich im Mai erstattet der Ausschuß Bericht über seine Wirksamkeit, welcher wo möglich mit einer populären Abhandlung über das Irrenwesen gedruckt, den Mitgliedern des Vereins sowie der kgl. Regierung zuzustellen ist.

§ 9. Alle zwei Jahre im Monat Mai beruft der Ausschuß in den gelesensten Pfälzer Blättern mit Angabe der Tagesordnung die Mitglieder zu einer Hauptversammlung.

Diese Hauptversammlung nimmt den Bericht des Ausschusses entgegen, wählt den Ausschuß neu und entscheidet über etwaige Anträge auf Änderung der Satzungen.

Die dahin zielenden Anträge sind längstens bis Ende März zur Kenntnis des Ausschusses zu bringen.

§ 10. Der Verein ist als aufgelöst zu betrachten, wenn die Zahl der Mitglieder auf 40 herabsinkt.

Das etwa noch vorhandene Kapitalvermögen fällt an die Kreis-Irrenanstalt zur Verwendung im Sinne des Vereins.

Dr. *Bettinger*, k. Medizinalrat u. Landgerichtsarzt in Frankenthal.
Dr. *Karsch*, k. Kreismedizinalrat in Speyer.
Dr. *Braun*, k. Landgerichtsarzt in Kaiserslautern.
Dr. *Chandon*, k. Bezirksarzt in Kaiserslautern.
Dr. *Erbelding*, prakt. Arzt in Zweibrücken.
Dr. *Ed. Pauli*, prakt. Arzt in Landau.
Dr. *Zoeller*, prakt. Arzt in Frankenthal.
Dr. *Loechner*, k. Direktor in Klingenmünster.«

Nach diesen Vorberatungen fand am 14. 11. 1880 die erste konstituierende Hauptversammlung des Hilfsvereins in Neustadt a. d. H. statt. Der hier zum erstenmal für zwei Jahre gewählte geschäftsführende Ausschuß setzt sich aus fünf Beamten der Anstalt Klingenmünster zusammen (Direktor Dr. *Loechner*, Verwalter *Heilmann*, II. Arzt Dr. *Feldkirchner*, der kath. Hausgeistliche *Colin* und der prot. Hausgeistliche *Croneiß*).

Das Hauptziel des jungen Vereins, möglichst rasch sich in dem Kreis (Provinz) Pfalz festzusetzen und auszubreiten, wurde durch die glückliche Wahl von Vertrauensleuten in den einzelnen Städten und Gemeinden sehr bald erreicht, so daß schon am Schlusse des 1. Geschäftsjahres die Einnahmen 5000 Mark betrugen. Die Anregung, daß die einzelnen Gemeinden selbst durch korporativen Beitritt die Einnahmen des Hilfsvereins vermehren sollten, fand wenig Beifall; dagegen bewilligte der pfälzische Landrat einen Jahresbeitrag von 200 Mark. — Die Regierung der Pfalz genehmigte die Übertragung einer Obligation von 1000 Mark aus der an der Anstalt bestehenden Armenkrankenkasse als Gründungsfonds in die Kasse des Hilfsvereins.

In den ersten Jahren erscheint regelmäßig ein gedruckter Jahresbericht (in der Buchdruckerei Ed. Kaußler - Landau); er enthält den Bericht über den Bestand des Vereins, seine Wirksamkeit und Tätigkeit, aufklärende Aufsätze und das Verzeichnis seiner Mitglieder, sowie einen Kassenbericht.

Der Hilfsverein erstrebte neben geldlichen Unterstützungen auch Belehrung und Aufklärung über die Geisteskrankheiten und die Irrenanstalten. Wenn auch unsere Akten über Vorträge und mündliche Belehrung keinen Aufschluß geben, so sind doch die Jahresberichte deswegen wertvoll, weil in ihnen immer wieder aufklärende Abhandlungen enthalten sind, die noch herrschende Vorurteile über Geisteskranke und ihre Behandlung bekämpfen. Von diesen Aufsätzen seien genannt: Direktor Dr. *Loechner*: Frühzeitige Verbringung Gemüts- und Geisteskranker in eine Heilanstalt; der § 20 unserer Anstaltssatzungen; *Croneiß*, prot. Hausgeistlicher: Vom Besuchen der Pfleglinge der Heilanstalt durch ihre Angehörigen; *A. Colin*, kath. Hausgeistlicher: Die psychische (geistige) Behandlung der Geisteskranken.

Das Hauptgewicht bei der Tätigkeit des Hilfsvereins wurde von Anfang an auf die Unterstützung bedürftiger Geisteskranker nach ihrer Entlassung aus der Anstalt gelegt. Zu diesem Zwecke wurde ein gewisses Kapital als erstrebenswert erachtet. Schon im Jahre 1890 erreichte diese Kapital die erfreuliche Höhe von nahezu 22000 Mark, und war am Schlusse des Jahres 1893 auf 26000 Mark angewachsen. Die Zinsen aus diesem Kapital und die jährlichen Einnahmen aus den Beträgen wurden für die Zwecke des Hilfsvereins zur Unterstützung bedürftiger Geisteskranker verwendet. Der Verein beschloß daher, in Zukunft von regelmäßigen Beitragssammlungen abzusehen und lediglich die Einkünfte aus der Kapitalsanlage zu verausgaben.

Im Jahre 1913 war die Mitgliederzahl des Vereins auf 40 herabgesunken. Damit war der Verein nach § 10 seiner Satzungen als aufgelöst zu betrachten. Mit Regierungsentschließung von 21. 4. 1913 wurde verfügt, daß das noch vorhandene Kapitalvermögen als »Dick-Stiftung« von der Anstalt weiterzuführen und in dem gleichen Sinn wie bisher zu verwenden ist.

Das Vermögen betrug damals 29000 Mark.

Der wirtschaftliche Niedergang mit völliger Geldentwertung nach dem Kriege ließ natürlich auch das in festverzinslichen Papieren angelegte Kapital der Dick-Stiftung zusammenschrumpfen, so daß auch in dieser Zeit von einer Tätigkeit der Dick-Stiftung fast nicht mehr gesprochen werden kann.

Die in den letzten Jahren durchgeführte Aufwertung der einzelnen Kapitalien bewirkte ein langsames Wiedererstarken der Dick-Stiftung. Das Grundkapital beträgt z. Zt. 4800 RM., so daß wir jetzt das Wiederaufleben des Pfälzischen Hilfsvereins eifrigst betreiben.

Quellen:

1. Akten der Heil- und Pflegeanstalt Klingenmünster »Dick-Stiftung«.
2. Berichte der Dick-Stiftung, des pfälzischen Hilfsvereins für Geisteskranke, über die Jahre 1880—1893.

Dr. Peretti

Der Hilfsverein für Geisteskranke in der Rheinprovinz.

Von

Sanitätsrat Dr. **Herting**, Düsseldorf-Grafenberg.

Der Hilfsverein für Geisteskranke in der Rheinprovinz ist in seinen ersten Anfängen auf eine Hilfs- und Unterstützungskasse zurückzuführen, die seit 1840 in der Anstalt Siegburg bestand und zu deren Förderung *Jacobi*, der Direktor der Anstalt, öffentliche Sammlungen anregte. Bei der Auflösung Siegsburg 1878 ging das Kapital auf die fünf neuen Anstalten mit je einem Jahreszinsertrag von 92,63 Mk. über. *Pelman*, Direktor der Anstalt Grafenberg, der vorher als Direktor der Anstalt Stephansfeld die Segnungen des elsäßischen Hilfsvereins kennen gelernt hatte, war seit der Eröffnung Grafenbergs 1876 auf die Gründung eines solchen Vereins für den Bezirk seiner Anstalt bedacht und erließ am 1. Juli 1884 einen bezüglichen Aufruf. Dieser hatte einen so glänzenden Erfolg, daß bereits am 24. November 1884 die erste Hauptversammlung einberufen werden konnte und am Jahresschluß schon ein Kapital von 6700 Mk. als feste Grundlage vorhanden war. Unter *Pelmans* Nachfolgern — *Eickholt, Jehn, Peretti* — erfuhr der Verein bis zum Jahre 1900 eine stete erfeuliche Entwicklung: Die Zahl der Mitglieder stieg von 306 auf 1412 und die Zahl der jährlich unterstützten Personen von 23 auf 168. Bis Ende 1900 waren 22 300 Mk. Unterstützungen gezahlt und noch ein Kapital von rd. 45 000 Mk. angesammelt worden. Nachdem in der Sitzung des psychiatrischen Vereins der Rheinprovinz am 16. 6. 1900 auf Antrag Dr. *Brosius'*, des Direktors einer Privatirrenanstalt in Sayn die Gründung eines Hilfsvereins für ganz Rheinpreußen gutgeheißen war, erfolgte in der Sitzung am 24. November 1900 die endgültige Gründung dieses Vereins. Dr. *Brosius*, als der geistige Vater des Vereins, stellte sofort 1000 Mk. zur Verfügung, der psychiatrische Verein zeichnete 200 Mk. und die anwesenden rheinischen Irrenärzte traten dem Verein als erste Mitglieder bei.

Am 2. Februar 1901 gliederte der Hilfverein für den Regierungsbezirk Düsseldorf sich mit seinen sämtlichen Mitgliedern und seinem ganzen Vermögen dem Hilfsverein für die Rheinprovinz ein, zugleich seine eigene Auflösung beschließend. Damit verfügte der neue Verein schon nach wenigen Monaten seines Bestehens über eine Mitgliederzahl von rd. 1500 Personen und ein ganz erhebliches Kapitalvermögen. Er konnte so sofort mit der Auszahlung von Unterstützungen beginnen und sorglos in die weitere Propaganda eintreten. Der Erfolg blieb nicht aus und ist ihm bis heute erhalten geblieben.

Nach den Satzungen bekam der Verein seinen Sitz und seine Hauptkasse in der Anstalt Düsseldorf-Grafenberg; der geschäftsführende Vorstand wird von den Ärzten und Beamten der Anstalt Grafenberg gebildet; den Vorsitz hat der jeweilige Anstaltsdirektor der Anstalt Grafenberg.

Es ist das Verdienst seines ersten Vorsitzenden, des Geh. San.-Rat Prof. Dr. *Peretti*, dem Verein in kurzer Zeit zu hoher Blüte verholfen und dauernd darin erhalten zu haben. In 30 Jahren hat *Peretti*, als Vorsitzender des Düsseldorfer und des rheinischen Hilfsvereins rastlos und nimmer müde an dem Wachsen und Gedeihen des Hilfsvereinswesen im Rheinland gearbeitet, bis zu seinem Ausscheiden aus aller dienstlichen Tätigkeit. In anerkennender Dankbarkeit ernannte ihn der Verein zum Ehrenmitglied und zu seinem Ehrenvorsitzenden.

Die *Pelman*sche Organisation des Düsseldorfer Vereins wurde vom Hilfsverein für die Rheinprovinz in allen Teilen übernommen.

Zur Prüfung der Geschäftsführung und der Jahresrechnung besteht ein Ausschuß, dem der Landeshauptmann der Rheinprovinz, der Generalsuperintendent der Rheinprovinz, der Weihbischof von Köln, die Direktoren der rheinischen Provinzial-Heil- und Pflegeanstalten, sowie mindestens 30 Vereinsmitglieder angehören; er versammelt sich jährlich einmal; eine Hauptversammlung aller Vereinsmitglieder wird alle drei Jahre einberufen. Die Vereinstätigkeit ist nach Möglichkeit dezentralisiert, indem an jeder der rheinischen Provinzial-Heil- und Pflegeanstalten eine Geschäftsnebenstelle mit weitgehender Selbständigkeit eingerichtet ist.

In den Städten und Ortschaften der Rheinprovinz sind Vertrauenspersonen bestellt, deren Aufgabe es ist, 1) Vereinsmitglieder zu werben und die Beiträge in Empfang zu nehmen, 2) sich der Geisteskranken in ihrem Bezirk anzunehmen, 3) bei der Gewährung und Verwendung von Unterstützungen mitzuwirken, 4) ein tüchtiges Pflegepersonal für die Anstalten gewinnen zu helfen und 5) dem Vorstande über etwaige Mängel in der Irrenfürsorge ihres Bezirkes zu berichten. — Sie übernehmen die Aufgabe als Ehrenamt; Barauslagen werden ihnen ersetzt. — Die Einrichtung von Vertrauensleuten hat sich glänzend bewährt; wir verfügen z. Z. über 428. Unsere Mitgliederzahl beträgt etwa 20 000 in 1348 Ortschaften. Von 130 öffentlichen Kassen gehen uns jährlich 3128 Mk. an Beiträgen zu, während die jährliche Gesamteinnahme von unsern Mitgliedern rd. 30 000 beträgt. Die Höhe des Jahresbeitrags ist weder nach oben noch nach unten festgelegt.

Wenn die reichlich fließenden Mittel es dem Verein ermöglichten, für wirtschaftliche Hilfen überall eine offene Hand zu haben, so ließ es der Vorstand, besonders sein langjähriger Vorsitzender *Peretti*, an der Erreichung der höheren Ziele des Vereins nicht fehlen: der Aufklärung der Öffentlichkeit über Irresein und Irrenanstalten, der Fürsorge für die Geisteskranken außerhalb der Anstalten, sowie der Erweckung und Erhaltung des Interesses der Vereinsmitglieder am Verein und seinen Zielen. Fast jedem Jahresbericht wurde — für die Ausschußmitglieder und Vertrauensleute — eine sinngemäße Broschüre oder ein Abdruck der Vorträge beigefügt, die in den Hauptversammlungen oder in rheinischen Städten gehalten worden waren, oder Berichte über Besichtigungen der Anstalten durch wissenschaftliche und andere Vereinigungen erstattet.

Von den Vorträgen seien genannt: *Pelman*, Zweck und Ziele der Hilfsvereine, — *Brosius*, Geschichte der Hilfsvereine, — *Herting*, Aus der Praxis des Hilfsvereins, — *Herting*, Der Hilfsverein und die kriminellen Geisteskranken, — *Peretti*, Über das Zusammenwirken des Hilfsvereins mit den Fürsorgevereinen für die Alkoholisten, — *Neuhaus*, Über Trinkerfürsorgestellen, — *Flügge*, Über die Behandlung der Trinker in den Anstalten, — *Herting*, Über Familienpflege, — *Peretti*, Über die Krankenbewegung in den Anstalten während des Krieges, — *Wendenburg*, Die offene Fürsorge für Geisteskranke, — *Wiehl*, Die offene Fürsorge für Geisteskranke, — *Raehter*, desgl.

An Broschüren und Sonderdrucken wurden abgegeben: *Neveling*, Ein Gang durch die Irrenanstalt, — *Grohmann*, Geisteskrank, — *Peretti*, Über den jetzigen Stand der Nervenheilstättenbestrebungen, — *Scholz*, Die Grenze des Irreseins, — *Scholz*, Irrenfürsorge und Irrenhilfsvereine, — *Scholz*, Was muß der Laie von den Geisteskrankheiten wissen, — *Kerris*, Über die beruhigende Behandlung der Geisteskranken, — *Enge*, Ratgeber für Angehörige von Geisteskranken; — Beschreibung der neuen Anstalten Galkhausen und Bedburg-Hau; — Berichte über die Besprechung der Vertreter der Hilfsvereine in Innsbruck und Düsseldorf; — *Herting*, Zum 25 jährigen Bestehen des rheinischen Hilfsvereins.

In den Jahresberichten wurden außer den obengenannten Vorträgen noch folgende Aufsätze veröffentlicht: *Pohlmann*, Bedeutung und Entwicklung des Hilfsvereins, — Im Kampf mit dunklen Mächten, von einem geheilten Geisteskranken; — *Deiters*, Was ist geisteskrank? — *Schröder*, Haben die Geisteskranken zugenommen? — *Neuhaus*, Bericht über die letzten 25 Jahre der Departemental-Irrenanstalt zu Düsseldorf 1884—1909; — *Deiters*, Vom dritten internationalen Kongreß für Irrenpflege, Wien 1908; — *Lückerath*,

Entwicklung des rheinischen Provinzial-Irrenwesens; — Berichte der Leiter der rheinischen Fürsorgestellen für Geisteskranke über Einrichtung und Tätigkeit dieser Stellen.

Zum aufklärenden Gebrauch unserer Ausschußmitglieder und Vertrauensleute wurden gedruckt und abgegeben: Das für die Provinzial-Anstalten geltende Reglement, die ministerielle Anweisung für die Privatanstalten, eine Anleitung für die Tätigkeit der Vertrauenspersonen, ein Verzeichnis der rheinischen Trinkerfürsorgeorgane und wiederholt unsere Vereinssatzungen.

Zu Werbe- und Aufklärungszwecken bediente sich der Verein wiederholt kleiner Flugblätter, die zur Verteilung an jedermann und zur Veröffentlichung in den Tageszeitungen bestimmt, namentlich in den ersten Vereinsjahren in Tausenden von Exemplaren vertrieben wurden, aber auch seitdem noch oft, auch selbständig von den Nebenstellen verfaßt und verteilt sind. Zum letztenmal geschah es auf der Ausstellung für Gesundheitspflege, soziale Fürsorge und Leibesübungen zu Düsseldorf 1926, wo 100 000 Werbeblätter an die Besucher abegegeben wurden. — Ferner dienten den genannten Zwecken Lichtbilder-Vorträge »Über die Fortschritte in der Behandlung und Unterbringung der Geisteskranken in den letzten 100 Jahren«, die seit 1906 in den Städten des Rheinlandes gehalten wurden und allseitige Beachtung fanden.

Endlich ist zu berichten, daß auf der oben erwähnten Ausstellung zu Düsseldorf 1926 der Hilfsverein seine Bestrebungen und seine Erfolge in reichstem Ausmaß zur Geltung bringen konnte und an vier verschiedenen Stellen das ganze Gebiet der Fürsorge für Geisteskranke der großen Öffentlichkeit zugänglich gemacht sah, und zwar durch große und kleine Modelle, Photographien, Diapositive, graphische Darstellungen, Erinnerungen an alte längst vergangene Zeiten und das allerneueste, Bilder von Kranken vor und nach der Anstaltsbehandlung, Bilder der Beschäftigung einzelner Kranken und in Gruppen, ihrer Unterhaltung, Zerstreuung und Erholung, der ärztlichen Behandlungsmethoden, Muster der nutzbringenden und der künstlerischen Liebhaberarbeiten der Kranken usw., usw.

Am wenigsten Erfolge bei seinen realen Aufgaben hat der Verein zu verzeichnen bei der Gewinnung tüchtigen Pflegepersonals für die Anstalten; die tiefere Ursache dazu liegt vorwiegend in wirtschaftlichen Verhältnissen, die sich dem Einflusse des Vereins entziehen.

Wohl aber rühmt sich der Verein, daß er sich nicht auf den engen Kreis der einmal gestellten Aufgaben beschränkt hat, sondern darüber hinausgegangen ist und mit benachbarten Interessenkreisen tätige Fühlung genommen hat, mit der Trinkerfürsorge, der Einrichtung von Fürsorgestellen bei den Wohlfahrtsämtern und der Fühlungname mit anderen Irrenhilfsvereinen.

Die letztere wurde bereits im Jahre 1905 von *Peretti* angeregt. Im gleichen Jahre trat der Verein dem rheinischen Verband gegen den Mißbrauch geistiger Getränke als Mitglied bei und seit 1911 bildet, gleichfalls auf *Perettis* Betreiben die Einrichtung von Fürsorgestellen für Geisteskranke einen steten Verhandlungsgegenstand der Vereinssitzungen.

Der Krieg zog andere Interessenkreise. Die Werbe- und Aufklärungsarbeit des Hilfsvereins mußte gegen Höheres und Wichtigeres zurücktreten. Die Gebefreudigkeit seiner Mitglieder und seine Unterstützungskraft erlitt keinen Schaden; seine Kapitalien wurden zur Kriegsanleihe verwendet; seine Mitglieder haben ihm mit ganz geringen und erklärlichen Ausnahmen die Treue gehalten. Bei der Stabilisierung der Mark besaß der Verein nur noch 310 Mk., die für die allernotwendigsten Porto- und Druckkosten verwendet werden mußten; aber schon am 1. April 1925 konnten wir wieder 36 000 Mk. laufende Jahresbeiträge unserer Mitglieder als Einnahme buchen.

Seitdem befindet sich unser Verein wieder auf der aufsteigenden Linie. Die Mitgliederzahl betrug im letzten Jahre 27 850 in 1636 Ortschaften, die Summe der zahlreichen Mitgliederbeiträge belief sich auf 38 660 Mk. An Unterstützungen wurden im letzten Jahre gezahlt: 27 546,74 Mk.

Dem Vorstand, der z. Zt. aus Sanitätsrat Dr. *Herting*, Professor Dr. *Sioli*, Oberarzt Dr. *Weinbrenner*, Verwaltungsoberinspektor *Latzel* gebildet wird, stehen 48 Ausschußmitglieder und 462 Vertrauensleute zur Seite.

Der Verein gehört dem Verband der deutschen Hilfsvereine für Geisteskranke, sowie dem deutschen Verbande für psychische Hygiene als Mitglied an. Der Vorstand sieht in der Erfüllung der bisherigen Aufgaben des Vereins eine solche Fülle von ersprießlicher und dankenswerter Arbeit, daß er zunächst von einer Erweiterung derselben absehen zu können glaubt, ohne sich indessen von Weiterungen und Neuerungen auf dem Gebiete der gesamten Irrenfürsorge grundsätzlich abzuschließen.

Quellen.

1. Akten der rhein. Prov.-Verwaltung, Tit. XIII A. Nr. 3. Vol. 1.
2. *Jacobi*, Die Irrenanstalt Siegburg und ihre Gegner, Bonn 1841, Seite 30.
3. 1. Bericht über die Hilfsvereine für Geisteskranke im Reg.-Bez. Düsseldorf, Gerresheim 1885 und 17. Bericht Düsseldorf 1900.
4. Bericht über die 65. ord. Vers. des psych. Ver. der Rheinprov. 16. 6. 1900 in Bonn in Allg. Zeitschrift f. Psych. Bd. 57, S. 892.
5. Jahresbericht des rheinischen Hilfsvereins (1901—1927).
6. *Herting*, Zum 25 jährigen Bestehen des Hilfsvereins für Geisteskranke in der Rheinprovinz. Psych. neur. Wochenschr. 1926, S. 6.

Der Hilfsverein für Geisteskranke in Sachsen-Meiningen.

Von

Direktor Dr. **Büchner**, Hildburghausen.

Das Verdienst, den Hilfsverein für Geisteskranke im Herzogtum Sachsen-Meiningen ins Leben gerufen zu haben, gebührt Herrn Geh. Sanitätsrat Dr. *Albrecht Erlenmeyer*-Bendorf, der in einem der Herzogl. Sachs. Meiningschen Regierung gemachten Vorschlag zur Reorganisation der Landesanstalt Hildburghausen auch die Gründung eines Hilfsvereins als unerläßlich bezeichnet hatte. Die eigentliche Werbearbeit ist dann von meinem Amtsvorgänger, Herrn Geh. Med.-Rat Dr. *Paul Mayser* geleistet worden. Schon ein Jahr nach seinem Dienstantritt als Direktor der hiesigen Anstalt gelang es ihm dank seiner eifrigen Propaganda in Wort und Schrift, seinen persönlichen Beziehungen zur Gemahlin des damaligen Herzogs Georg II., der Freifrau von Heldburg, und zu anderen einflußreichen Persönlichkeiten weitere Kreise für die von ihm verfochtenen segensreichen Ideale zu interessieren und ca. 100 Mitglieder zu werben, so daß am 5. Oktober 1889 die Gründungsversammlung stattfinden konnte. Die von dieser Versammlung beschlossenen Satzungen lehnten sich an die des Züricher Systems an.

In der Versammlung vom 12. Mai 1900 wurden diese Satzungen in Anlehnung an die des Württembergschen Hilfsvereins revidiert, und gleichzeitig wurde eine von Herrn Geh. Medizinalrat Dr. *Mayser* verfaßte Anleitung für Vertrauensmänner genehmigt.

In der Sitzung vom 13. Mai 1902 endlich wurden die Grundsätze des Württembergschen Hilfsvereins bezgl. der Abgrenzung der Tätigkeit gegenüber der Armenfürsorge auf den Hilfsverein für Sachsen-Meiningen übernommen.

Als Vertrauensmänner, denen zum Zwecke der Propaganda regelmäßig eine Anzahl früherer Jahresberichte ausgehändigt wurde, standen dem Verein in der Hauptsache die beamteten, daneben aber auch nichtbeamteten Ärzte und einzelne Geistliche zur Seite. Besonders hervorzuheben ist die Tätigkeit des Herrn Sanitätsrats Dr. *Weißer*-Pößneck, des Sanitätsrats Dr. *Schöning* in Gräfenthal, Physikus Dr. *Wegener*-Salzungen und des Kirchenrats *Angelroth*-

Dr. Mayser

Meiningen. Dem Versuch, mit Unterstützung der Landräte und der Physici, in allen Stadt- und Landgemeinden von den Zielen des Hilfsvereins durchdrungene, für eine rege Werbetätigkeit geeignete Persönlichkeiten zu gewinnen, blieb der Erfolg leider versagt. Ebenso scheiterte ein 1900 unternommener Vorstoß, die Ministerien unserer damaligen Vertragsstaaten Koburg-Gotha und Schwarzburg-Rudolstadt für die Gründung eines eigenen Hilfsvereins mit Anschluß an den hiesigen zu gewinnen. Eine 1905 erlassene Bekanntmachung, wonach allen außerhalb der Anstalt befindlichen Geisteskranken, gleichviel ob sie schon hier behandelt worden waren oder nicht, wöchentlich zweimal in der Anstalt kostenlos ärztlicher Rat und Hilfe zur Verfügung gestellt werden sollte, fiel ebenfalls nicht auf fruchtbaren Boden.

Pekuniäre Unterstützung erhielt unser Hilfsverein nur von den Kreisen Hildburghausen und Saalfeld und den Stadtverwaltungen Saalfeld und Eisfeld, aber auch von diesen nicht regelmäßig; im übrigen war er auf die einmaligen bezw. jährlichen Beiträge seiner Mitglieder und auf den Zinsabwurf seiner Legate angewiesen.

Nachdem der Verein trotz der eifrigsten Bemühungen des Vorstandes, der sich aus dem Direktor und dem I. Oberarzt der hiesigen Anstalt, dem hiesigen evangl. und kathol. Geistlichen und einem Anstaltsbeamten als Kassierer zusammensetzte, zunächst keine wesentlichen Fortschritte gemacht hatte und 1893 erst 105 Mitglieder zählte, trat später besonders seit 1900, eine erfreuliche Aufwärtsbewegung ein, so daß 1903: 592 Mitglieder vorhanden waren, und angenommen werden konnte, daß der Vereinsgedanke nunmehr im ganzen Lande tiefe Wurzeln gefaßt habe. Da trat, trotzdem die Werbetätigkeit ununterbrochen fortgesetzt und in den Thüringer Tageszeitungen immer wieder auf die hohe ideale Bedeutung des Hilfsvereins hingewiesen wurde, in den Jahren 1905 bis 1908 nicht nur eine Stockung, sondern sogar ein Rückschlag in der Entwicklung des Vereins ein, und sank die Mitgliederzahl um 1/6 auf ca. 500. Ein daraufhin erlassener öffentlicher Aufruf zum Beitritt in den Verein und eine in sämtlichen größeren Gemeinden veranstaltete Sammlung von Beiträgen hatte zwar den Erfolg, daß die Zahl der in den Sammellisten eingetragenen Personen ca. 1600 betrug, doch handelte es sich bei den gezeichneten Beträgen zumeist nur um ganz geringfügige und auch nur um einmalige; in Wirklichkeit blieb der Personalbestand im wesentlichen unverändert und ist bis zuletzt bei ca. 500 stehen geblieben. Trotzdem und ungeachtet des Umstandes, daß kaum jemals ein Unterstützungsantrag, weil den Satzungen des Vereins nicht entsprechend, abgelehnt werden mußte, war die pekuniäre Lage des Vereins, wenn auch nicht glänzend, doch hinreichend gesichert und konnte ein Reservefonds angesammelt werden, der zuletzt auf etwas über 22000 Mark angewachsen war.

Mit Beginn des Weltkrieges wurde in Anbetracht der der Bevölkerung auferlegten sonstigen geldlichen Opfer von der Erhebung weiterer Jahresbeiträge abgesehen. Unterstützungsanträge wurden während des Krieges kaum noch gestellt, vermehrte dienstliche Inanspruchnahme der Anstaltsärzte mußte ihre Bemühungen für das Fortbestehen des Hilfsvereins mehr und mehr in den Hintergrund treten lassen. Die nach dem Aufgehen von Sachsen-Meiningen in den Freistaat Thüringen erfolgte Neuordnung unserer Aufnahmebezirke, die die bisherige Grundlage des Vereins wesentlich verschoben hat, und die in der breiten Volksschicht zu beobachtende Zurückhaltung, z. T. sogar feindliche Einstellung gegenüber von Sammlungen, hatten bisher von einer Wiedererweckung des Hilfsvereins absehen lassen. Es besteht aber seitens der Direktion der hiesigen Anstalt die Absicht, demnächst mit den Direktoren der übrigen Thüringischen Landesanstalten zwecks Gründung eines Hilfsvereins für das ganze Land Thüringen in Verbindung zu treten.

Gelegentlich der zunächst jährlich, seit 1900 nur alle drei Jahre stattfindenden Versammlung wurden folgende Vorträge gehalten:

1890 Geh. Med. Rat Dr. *P. Mayser*: Über Störungen der Seele.

1891 Geh. Med. Rat Dr. *P. Mayser*: Einige der gewöhnlichsten Erscheinungen des Irreseins.

1892 Geh. Med. Rat Dr. *P. Mayser*: Wie sind Geisteskranke zu behandeln I. Teil.

1893 Geh. Med. Rat Dr. *P. Mayser*: Wie sind Geisteskranke zu behandeln II. Teil.

1894 Geh. Med. Rat Dr. *P. Mayser*: Der Selbstmord, seine Ursachen und die Mittel zu seiner Verhütung.

1895 Geh. Med. Rat Dr. *P. Mayser*: Über familiale Pflege der Geisteskranken.

1896 Oberarzt Dr. *A. Büchner*: Über den Alkohol.

1897 Geh. Med. Rat Dr. *Mayser*: Einiges über Hypnotismus (mit Demonstrationen).

1898 Geh. Med. Rat Dr. *Mayser*: Über Vererbung, in Sonderheit von Nerven- und Geisteskrankheiten.

1899 Geh. Med. Rat Dr. *Mayser*: Krankhafte Geisteszustände auf der Bühne.

1900/01 Geh. Med. Rat Dr. *Mayser*: Über die Ziele der Hilfsvereine.

1901/03 Geh. Med. Rat Dr. *Mayser*: Einiges über strafrechtliche Zurechnungsfähigkeit und Willensfreiheit vom naturwissenschaftlichen bezw. irrenärztlichen Standpunkte.

1903/06 Geh. Med. Rat Dr. *Mayser*: Noch einmal über den Alkohol.

1906/09 Oberarzt Dr. *Büchner*: Einiges über moderne Fürsorge für Jugendliche.

1909/12 Geh. Med. Rat Dr. *P. Mayser*: Über das Zunehmen der Geisteskranken, seine Ursachen und seine Bedeutung.

Der Hilfsverein für entlassene Geisteskranke in Württemberg.

Von

Obermedizinalrat Dr. **Camerer**, Winnental-Stuttgart.

Das Irrenwesen in Württemberg war anfangs der neunziger Jahre des letzten Jahrhunderts wiederholt Gegenstand heftiger Angriffe gewesen, die von früheren Anstaltspfleglingen ausgingen und in weiten Kreisen der Bevölkerung Aufsehen erregten. Diese Angriffe erwiesen sich in weitaus der Mehrzahl als durchaus unbegründet und Mißstände, soweit sie tatsächlich vorhanden waren, wurden abgestellt, so daß bald wieder Beruhigung eintrat. Der damalige Direktor der Heilanstalt Schußenried, Dr. *Kreuser*, glaubte aber, man dürfe das auf diese Weise geweckte Interesse der Bevölkerung an dem Irrenwesen, wenn es sich zunächst auch gegen die bestehenden Einrichtungen und Zustände gerichtet hatte, doch nicht wieder einschlafen lassen, sondern es müsse der Versuch gemacht werden, es in eine Bahn zu lenken, auf der es segensreichere Wirkungen entfalten könnte, als in der bisherigen Kritik, für deren Ausübung den meisten überhaupt die allernotwendigsten Kenntnisse der bestehenden Einrichtungen und insbesonders auch die erforderliche Unbefangenheit fehlten. So erließ er am 2. November 1895 in einer Anzahl Tagesblättern einen Aufruf zur Gründung eines Hilfsvereins für rekonvaleszente Geisteskranke. Er betonte darin, daß es nur erfreulich sein könne, wenn auch weitere Kreise ein aufrichtiges und opferwilliges Interesse für die Geisteskranken und ihre Familien zeigten, sie sollten aber nicht, wie dies bisher vielfach geschehen sei, den ärztlichen Bestrebungen entgegentreten, sondern diese vielmehr zu fördern und zu ergänzen suchen. Das Bestreben der Ärzte gehe ausschließlich dahin, das Los der Kranken zu erleichtern, in mancher Hinsicht stehe das aber nicht in ihrer Macht, sondern hier könne auch der Laie werktätig eingreifen, wenn er sich vom Arzt die richtigen Wege weisen lasse. Es werde durch die geistige Erkrankung eines Einzelnen oft genug seine ganze Familie geschädigt und ihr wirtschaftlicher Bestand bedroht oder gar vernichtet, der Kranke selbst kehre auch im günstigsten Falle mit verminderter Leistungs- und Widerstandsfähigkeit in den alten

Wirkungskreis zurück, er bedürfe noch einer mehr oder weniger weitgehenden Schonung, wenn nicht ein alsbaldiger Rückfall drohen solle; wie wenig aber werde darauf in vielen Fällen Rücksicht genommen und der Entlassene mit geringschätzigem Achselzucken, offenem Hohn oder Vorwürfen empfangen. Hier biete sich dem Laien ein weites und schönes Arbeitsfeld, das eine segensreichere Betätigung verspreche, als das Verlangen nach Reformen im Irrenwesen, auch sei dies zugleich ein Mittel, um das gegen die Geisteskranken immer noch so weit verbreitete Vorurteil zu bekämpfen. Ein Erfolg sei aber nur möglich, wenn der Zusammenschluß zu einem Verein erfolge, wie es schon in anderen Staaten geschehen sei.

Am 30. Dezember 1895 fand eine Versammlung zur Gründung eines solchen Vereins statt, der auch der damalige Staatsminister des Innern, Exz. v. Pischeck, anwohnte und auf der nach einem einleitenden Vortrag von Dir. Dr. *Kreuser* der Hilfsverein für rekonvaleszente Geisteskranke in Württemberg gegründet und die Statuten aufgestellt wurden. Der Name des Vereins wurde später mit Genehmigung des Ministeriums des Innern aus Zweckmäßigkeitsgründen in »Hilfsverein für entlassene Geisteskranke« umgeändert. Zum Vorstand wurde Dr. *Kreuser*, zum Schriftführer Ökonomieverwalter *Neuburger* in Schußenried gewählt, außerdem wurde ein Ausschuß bestehend aus vier Mitgliedern, zu denen später noch zwei weitere kamen, aufgestellt. Die Statuten enthielten Bestimmungen über die Aufgaben des Vereins, die sich nicht nur auf eine Erleichterung der Rückkehr von Anstaltspfleglingen in das bürgerliche Leben, sondern auch auf die Fürsorge für Familien, die durch die geistige Erkrankung eines ihrer Angehörigen in Not geraten sind, erstrecken sollen. Als Sitz des Vereins wurde Stuttgart bestimmt. Ferner wurden Bestimmungen über die Mitgliedschaft, Hauptversammlung, Befugnisse der Hauptversammlung, des Ausschusses, des Vorstandes, über Aufstellung von Vertrauensmännern, Behandlung der Unterstützungsgesuche, Herausgabe der Rechenschaftsberichte, die alle zwei Jahre erfolgen soll, u. a. m. getroffen, auch wird darin bestimmt, daß der Verein sich der Aufsicht des Ministeriums des Innern unterstelle, und daß im Falle der Auflösung ein etwaiges Vermögen der Zentralleitung für Wohltätigkeit in Stuttgart zufalle mit der Auflage, es zum Wohl Geisteskranker zu verwenden.

In einer Ausschuß-Sitzung im Januar 1896 wurde noch eine Anleitung für die Tätigkeit der Vertrauensmänner aufgestellt, in welcher die Vertrauensmänner in eingehender Weise über die ihnen zufallenden Aufgaben und deren Erledigung Aufschluß erhalten,

In der folgenden Sitzung, im März 1896 beschloß der Ausschuß, daß alle außerordentlichen Gaben in ihrem vollen Betrag zur Bildung eines Grundstocks verwendet werden sollen, außerdem sollten ihm $\frac{8}{10}$ der von Mitgliedern als einmalige Spende bezahlten Beiträge zugeschlagen werden. Solange nicht ein Grundstock von 1000 Mk. angesammelt sei, sollten Unterstützungen nur in den dringendsten Fällen ausbezahlt werden. Sehr schwierig war es, die nötige Zahl Vertrauensmänner zu gewinnen, auch heute noch ist dies keineswegs leicht, denn manche entlassene Anstaltspfleglinge, zumeist moralisch defekte Psychopathen suchten und suchen den Verein in der rücksichtslosesten und unverfrorensten Weise auszunützen, bettelten bei allen möglichen Vertrauensmännern, wurden sofort unverschämt und ergingen sich in gemeinen Schimpfreden, wenn sie nichts oder nicht soviel bekamen, als sie erwarteten, so daß viele Vertrauensmänner dadurch abgeschreckt wurden und ihre Tätigkeit für den Verein einstellten. Im Laufe der Zeit ist es gelungen, diesen Unfug wenn auch nicht völlig abzustellen, so doch wesentlich einzuschränken, aber auch heute noch erleben wir es, daß uns auf diese Weise wertvolle Helfer verloren gehen.

In der folgenden Ausschuß-Sitzung im September 1896 wurden weitere Organisations-Fragen behandelt und dabei mitgeteilt, daß sämtliche Staats- und Privatirrenanstalten von der Gründung des Vereins benachrichtigt wurden, wobei ihnen gegenüber zugleich die Bereitwilligkeit ausgesprochen worden sei, austretende Pfleglinge zu unterstützen. Den Anstalten wurden auch die Namen der Vertrauensmänner mitgeteilt, damit sie sich ihrer Hilfe in geeigneten Fällen bedienen könnten. Den Vertrauensmännern selbst wurde empfohlen, sich zu Besprechungen zusammenzufinden und bei Gelegenheit auch die eine oder andere Irrenanstalt zu besichtigen.

Bis zum Schluß des Jahres 1896 war die Zahl der Mitglieder auf 800 angewachsen, mit einer Gesamteinnahme von 8419 Mk., wovon 6000 Mk. verzinslich angelegt worden waren, mit der Bestimmung, daß 4000 Mk. bis auf weiteres unantastbare Reserve sein sollen. Unterstützungen wurden insgesamt im Betrage von 895 Mk. gegeben, wobei nur in einem Fall ein Unterstützungsantrag abgelehnt wurde. So konnte der Verein schon nach einjährigem Bestehen auf erfreuliche Erfolge zurücksehen und wenn auch die Zeit noch zu kurz war, um über seinen wohltätigen Einfluß und seine Zweckmäßigkeit ein endgültiges Urteil abzugeben, so konnte der Vorstand in seinem ersten Jahresbericht doch mit aufrichtiger Freude darauf hinweisen, wie manchem entlassenen Kranken der Verein eine erwünschte Hilfe habe bringen können und wie sehr er in allen Kreisen opferwilliges Entgegenkommen und volles Verständnis gefunden habe. Er betonte aber dabei auch ausdrücklich, daß es bei der pekunären Unterstützung nicht bleiben dürfe, sondern daß noch eine wichtigere, aber auch noch schwierigere Aufgabe bevorstehe, nämlich den aus der Anstalt Entlassenen, ganz oder teilweise Genesenen, das erste, passende Unterkommen zu vermitteln. Auch wo kein abergläubisches Urteil dem aus der Anstalt Austretenden mehr hinderlich in den Weg trete, seien oft genug die Verhältnisse für ihn an seinem bisherigen Wohnort ungünstig geworden. Verkehrte Handlungen, auch wenn sie nur der Krankheit entsprungen waren, hätten ihn um das Vertrauen seiner Mitbürger gebracht. Niemand wolle ihn gerne mehr aufnehmen, niemand bei ihm mehr arbeiten lassen. Man fürchte, oft ohne Grund, die Wiederkehr der früheren Vorkommnisse oder anderer Unannehmlichkeiten. Solche Rekonvaleszenten bedürften aber vor allem einer wohlwollenden und freundlichen Aufnahme, der sich die Nachsicht zugesellen müsse, wenn nicht sofort die frühere Widerstandskraft gegen die Anforderungen und Widerwärtigkeiten des Lebens wieder vorhanden sei. Der Verein müsse auch in dieser Hinsicht aufklärend wirken und mit Hilfe der Vertrauensmänner versuchen, ein geeignetes Unterkommen zu vermitteln. Sogar die Errichtung eines Rekonvaleszentenheims wurde ins Auge gefaßt, leider hat aber Krieg und Inflation die Erfüllung dieses Planes zunichte gemacht.

Um die Stellung und Wirksamkeit des Vereins zu heben, wurde der Antrag gestellt, ihm die juristische Persönlichkeit zu verleihen, was Seine Majestät der König mit Entschließung vom 22. Oktober 1897 auch genehmigte. Die Oberkirchenbehörden wurden ersucht, den Geistlichen die Förderung des Vereins zu empfehlen. Von evangelischer, wie von katholischer und israelitischer Seite wurde diesem Wunsch aufs entgegenkommendste entsprochen.

So war die Organisation des Vereins im wesentlichen vollendet und es mußte sich nun zeigen, inwieweit es ihm gelang, das gesteckte Ziel zu erreichen, um den entlassenen Kranken Hilfe und Unterstützung zu bieten.

Wenn auch die Übersicht über Einnahmen und Ausgaben und insbesondere über die geldlichen Unterstützungen an entlassene Kranke oder ihre Angehörigen kein vollständiges Bild von der Tätigkeit und dem Wirken des Vereins geben kann, so ist doch daraus zu ersehen, daß der Verein sich bis zum Ausbruch des Weltkrieges in durchaus befriedigender Weise entwickelte und daß es ihm gelang, in weitgehender und wirksamer Weise seine Aufgaben zu erfüllen und sich dem selbstgestellten Ziele zu nähern. Es vermehrte sich in dieser Zeit die Zahl der Mitglieder von 800 auf 1500, die Einnahmen steigerten sich von 8000 Mk. auf 28 000 Mk. Das Vereinsvermögen war bis zum Jahre 1914 auf rund 56 000 Mk. angewachsen und der Gesamtbetrag der Unterstützungen betrug bis zum 31. Dezember 1913 die nicht unbeträchtliche Summe von 78 958 Mk., wozu noch 1485 Mk. kamen, die in Form unverzinslicher Darlehen gegeben worden waren. Auch während der Kriegsjahre und in den ersten Nachkriegsjahren gelang es, Einnahmen und Ausgaben des

Vereins auf der erreichten Höhe zu erhalten, bis dann die zunehmende Inflation nicht nur die Arbeit des Vereins mehr und mehr lahmlegte, sondern auch das bis dahin angesammelte Vermögen von rund 80 000 Mk. fast vollständig zunichte machte. Erst die Festigung der Währung ermöglichte es, die Arbeit wieder aufzunehmen und wir verdanken es nur der aufopfernden Tätigkeit unserer Vertrauensmänner, wenn es gelungen ist, den Verein wieder in die Höhe zu bringen und auch wieder ein, wenn auch bescheidenes Vermögen anzusammeln.

Am 19. Dezember 1917 starb der Gründer und langjährige Vorstand des Vereins, Obermedizinalrat Dr. *Kreuser*, unerwartet rasch an einem Schlaganfall, für den Verein der schwerste Verlust seit seinem Bestehen. An seiner Stelle wurde sein Nachfolger in der Leitung der Heilanstalt Winnental, Obermedizinalrat Dr. *Camerer*, zugleich Berichterstatter für das Irrenwesen im Ministerium des Innern, zum Vorstand gewählt. Auch von den Ausschuß-Mitgliedern waren im Laufe der Zeit fast alle durch Tod oder Erkrankung ausgeschieden, so daß gegenwärtig nur noch ein Ausschußmitglied dem Ausschuß des Vereins seit seiner Gründung angehört. Die Zahl der Ausschußmitglieder beträgt zurzeit sieben, die der Vertrauensmänner 54. Die Zahl der Vereinsmitglieder hat die frühere Höhe noch nicht wieder erreicht, ist aber immerhin wieder auf 1294 gestiegen. Die Einnahmen betrugen im letzten Rechnungsjahr 14 184 Mk. Die Ausgaben 13 220 Mk. Das Vereinsvermögen beträgt 17 367 Mk.

Jetzt steht der Verein vor der wichtigen Entscheidung, ob und auf welche Weise er sich in die von den Irrenanstalten ausgehende offene Fürsorge eingliedern soll. Sie ist in Württemberg für das ganze Land nur sehr schwer durchzuführen, da die Lage der Mehrzahl der Anstalten zu ihrem Aufnahmebezirk außerordentlich ungünstig und eine Fürsorge von den Anstalten aus für die entlegenen Teile der Aufnahmebezirke kaum möglich ist. Hier wird nun der Verein mit seinen über das ganze Land verteilten Vertrauensmännern eine wertvolle Hilfe bieten können, ganz abgesehen von den ihm zur Verfügung stehenden Geldmitteln, die nicht unwillkommen sein dürften. Verliert er dabei auch vielleicht etwas an Selbständigkeit, so wird er doch andererseits den Kreis seiner Tätigkeit erweitern können und damit auch den bei seiner Gründung gestellten Zielen in erwünschter Weise näherkommen. Ein Anfang ist schon damit gemacht, daß die Fürsorgeschwester, die die Außenfürsorge der Irrenabteilung des Bürgerhospitals Stuttgart besorgt, zugleich auch die Vertrauensmannsstelle des Hilfsvereins für die Stadt Stuttgart übernommen hat.

Der Hilfsverein für Geisteskranke im Freistaate Sachsen.

Von

Rektor **Wehrmann**, Arnsdorf.

Der Geburtstag des Hilfsvereins für Geisteskranke im Freistaate Sachsen ist der 26. April 1898. An diesem Tage fand sich in Dresden auf Anregung der sächsischen Irrenseelsorger-Konferenz eine Anzahl von Herren zusammen, um über die Gründung und Tätigkeit eines solchen Hilfsvereines zu beraten, und beschloß die Gründung des obengenannten Vereins.

Es wird aber in dem ersten Jahresberichte des Hilfsvereins, der von seinem ersten überaus verdienten Vorsitzenden, dem Geheimen Rat Dr. *Weber*, herausgegeben wurde, in dem Jahresberichte auf das Jahr 1900, darauf hingewiesen, daß in Sachsen schon in früherer Zeit ein derartiger Verein bestanden hat, über den allerdings nähere Nachrichten nicht vorliegen. Man weiß weder von seiner Wirksamkeit noch von seiner Dauer etwas genaueres, nur das steht fest, daß er sich wieder aufgelöst hat, aber wiederum kennt man den Grund dazu nicht. Vielleicht hat man gemeint, daß sein Bestehen nicht mehr so nötig sei, weil sich die öffentliche Wohlfahrtspflege so vervollkommnet habe, daß sich eine besondere Fürsorge erübrige.

Diese Anschauung hat sich aber je mehr und mehr als falsch herausgestellt, als falsch herausgestellt vor allem in bezug auf die Geisteskranken. Die Erkenntnis ihrer Krankheit und der Notwendigkeit besonderer Hilfsmaßnahmen für diese Kranken nahm in der Öffentlichkeit nicht in dem Maße zu, wie es wünschenswert war, und so wuchs bei den Sachverständigen die Einsicht, daß man sich der Geisteskranken noch ganz anders als bisher annehmen müsse. Diese Überzeugung bewog einen bestimmten Kreis von Männern, meist aus Ärzten und Geistlichen bestehend, die an den Heilanstalten arbeiteten, diese Frage ernstlich in Angriff zu nehmen. So kam es zu der obengenannten Sitzung am 26. April 1898. Sie leitete der damalige Vorsitzende der Irrenseelsorger-Konferenz, Pastor Böttcher in Hochweitzschen, der Leiter des dortigen Pflegerhauses und

spätere Direktor der Erziehungsanstalt in Bräunsdorf. Seiner Tatkraft ist das Zustandekommen jener ersten Versammlung zu verdanken. Von ihr wurde ein Ausschuß gewählt, der die Satzungen nach den Beschlüssen der Versammelten vorbereiten sollte. Der Satzungsentwurf wurde bis zum 14. November 1899 fertiggestellt und an diesem Tage von der ersten Mitgliederversammlung einstimmig angenommen. Diese Ordnung gilt im wesentlichen heute noch. Als Vorsitzender wurde Geh. Medizinalrat Dr. *Weber*-Sonnenstein gewählt, der den Verein bis zum Jahre 1912 unermüdlich und in vorbildlicher Weise geleitet hat, als Schriftführer Anstaltspfarrer *Hempel*-Sonnenstein und als Kassierer Oberinspektor *Höckner*-Hochweitzschen. Als treubewährte Kassierer haben sich in dieser Zeit Obermedizinalrat Dr. *Heinicke*, Direktor der Erziehungsanstalt Chemnitz-Altendorf, der leider früh verstorben ist, und der jetzige Schatzmeister, Medizinalrat Dr. *Berlit* an der Anstalt Leipzig-Dösen betätigt.

Außer diesen Männern, die durch unermüdliche Werbung und tatkräftige Leitung den Verein und seine Arbeit auf die Höhe brachten, machte sich noch u. a. Obermedizinalrat Dr. *Krell*, der Direktor der Heil- und Pflegeanstalt Großschweidnitz, und Geheimrat Dr. *Ganser* in Dresden um den Verein verdient und förderten seine Zwecke in anerkennenswertester Weise. Daneben gehört heute noch, und zwar vom Jahre 1900 ab, Pfarrer Tischer in Bautzen als Ausschußmitglied dem Vereine an und hat in dieser Zeit in seinem Bezirke sehr Ersprießliches geleistet. Von 1913 ab übernahm der jetzige Vorsitzende, Geh. Medizinalrat Dr. *Ackermann*, Direktor der Landesanstalt Großschweidnitz, der bisherige Kassierer des Vereins, den Vorsitz und hat ihn auch durch schwere Zeiten hindurch bis zur Stunde geführt. Wenn der Verein innerlich und äußerlich zugenommen und sich durch Krieg und Inflation hindurch behauptet hat, so ist es vorwiegend sein Verdienst. Neben ihm stand auch seit 1913 als Schriftführer der jetzige Rektor des staatlichen Schwesternhauses, Pfarrer *Wehrmann*, und hat sich bemüht, den Vorsitzenden in seinem Wirken zu unterstützen. Als seine Vorgänger im Schriftführeramte sind zu nennen Pfarrer *Kayser* und Pfarrer *Erler*, Sonnenstein.

Der Verein wurde als solcher beim Amtsgerichte Dresden eingetragen und wird heute noch als eingetragener Verein geführt. Als seine Aufgabe wurde in den Satzungen hingestellt 1. die Verbreitung der Kenntnis von Geisteskrankheiten im Volke, 2. die Fürsorge für Geisteskranke außerhalb der Anstalt.

Die Aufklärung über die Art und Bekämpfung der Geisteskrankheiten geschah durch Veröffentlichungen, etwa in den Jahresberichten, die in jedem Jahre erschienen, oder in der Presse und endlich auch durch Vorträge, die bei den Jahresversammlungen für die Öffentlichkeit gehalten wurden. Man verband auch mit diesen Versammlungen, die an verschiedenen Orten stattfanden, Führungen durch Anstalten, die die Mitglieder des Vereins in das Elend, aber auch in den Kampf dagegen hineinschauen ließen, und weckte dadurch das Verständnis, aber auch die Teilnahme für die Arbeit des Vereins, gewann auch neue Mitglieder und Mitarbeiter.

Dadurch förderte man zugleich den anderen Zweck des Vereins, Hilfsmaßnahmen für die aus den Anstalten entlassenen und sonstigen draußen befindlichen Geisteskranken zu ergreifen und durchzuführen. Diese Maßnahmen bestanden darin, daß man die Geisteskranken in den eigenen Familien mit zu betreuen suchte, daß man ihnen, wenn sie kein eigenes Heim mehr besaßen, dazu verhelfen wollte, daß man sie durch Geld unterstützte, soweit es irgendwie die Mittel des Vereins zuließen. Um freilich diese Arbeit durchführen zu können, machte sich die Gewinnung von arbeitsfreudigen und sachverständigen Mitgliedern und Vertrauensleuten nötig. Diese mußten über das ganze Land verstreut vorhanden sein, um überall eingreifen und helfen zu können. Daher bestimmten denn die Satzungen, daß man das ganze Land in einzelne Bezirke einteilte, an deren Spitze je ein Ausschußmitglied stehen sollte. Demgemäß wurde für jede Amtshauptmannschaft sowie für die Städte Dresden, Leipzig und Chemnitz ein Ausschußmitglied gewählt, das die Werbung und sonstige Tätigkeit für den Verein übernahm und seinerzeit wieder Vertrauensleute für einzelne Orte gewann, die dort in seinem Sinne wirkten. Diese Organisation hat sich bewährt, und allmählich überzog das ganze Land ein Netz von Mitgliedergruppen, die nicht nur Beiträge zahlten, sondern sich auch sonst um die Arbeit des Vereins mühten.

So hatte der Verein vor dem Kriege allmählich die Zahl von über 4000 Mitgliedern erreicht, die einen Jahresertrag bis über 12000 Mk. aufbrachten. Diese Summe war nicht zu hoch, manchmal hätte man mehr tun können und wollen, aber sie ermöglichte doch, Unterstützungen zu gewähren und für sonstige Zwecke des Vereins aufzukommen. Eine größere Unterstützung in Geld von der Regierung, die sonst dem Vereine sehr wohlwollend gegenüberstand und seine Bestrebungen förderte, oder von irgendeiner Behörde ist dem Vereine nie zugeflossen. Er hätte eine solche gebraucht und dankbar angenommen, ist aber auch so durchgekommen und hat selbständig seinen Aufgaben gerecht werden können, nachdem sich satzungsgemäß ein nicht unbeträchtliches Stammvermögen von annähernd 100 000 Mk. angesammelt hatte. Leider ist dies der Inflation zum Opfer gefallen. Die Ausgaben beliefen sich zuletzt jährlich auf 7—8000 Mark, und man wird behaupten können, daß durch solche Unterstützungen viel Elend gelindert und manchem Kranken vorwärts geholfen worden ist. Die Gesamtsumme der

Unterstützungen des Vereins wird in den dreißig Jahren seines Bestehens 150 000 Mark weit übersteigen. Alle die genannten Hilfsmaßnahmen sind nur durch die treue Mitarbeit der Ausschußmitglieder und Vertrauensleute möglich gewesen. Sie setzten sich aus Angehörigen aller Stände zusammen, vorwiegend aber blieben es Ärzte und Geistliche, die sich der Hilfsarbeit unterzogen.

Man plante nun schon vor geraumer Zeit, etwa nach dem Vorbilde von *Kolb* in Erlangen, die Außenfürsorge noch mehr auszugestalten, einzelne Bezirke, wie Leipzig-Stadt und Auerbach ließen die aus den Anstalten entlassenen Kranken wie auch sonstige, die ihnen bekannt wurden, durch einen besonderen Fürsorgearzt betreuen, und der Hilfsverein wollte von sich aus diese Entwicklung fördern und Regierung und Öffentlichkeit in diesem Sinne stark beeinflussen. Der Ausbruch des Krieges hatte alles ins Stocken gebracht. Er hat zwar die Arbeit des Vereins nie ganz unterbinden können, der Verein hat auch durch die spätere Inflation wohl sein Vermögen verloren, die Mitgliederzahl ist gesunken, der Verein hat aber trotzdem weiter gearbeitet und sich allmählich von den Schäden des Krieges und der Geldentwertung erholt. Gegenwärtig ist der Mitgliederbestand vor dem Kriege noch nicht wieder erreicht, die Beiträge stehen auch unter der früheren Höhe, aber es geht wieder vorwärts und für neue Aufgaben ist auch neue Kraft zugewachsen. Dazu trägt nicht wenig der endlich erreichte Zusammenschluß der Deutschen Hilfsvereine bei, ein Ziel, an dessen Erreichung gerade der Sächsische Hilfsverein seit Jahren mit Nachdruck mitgearbeitet hat. Der Vorsitzende des sächsischen Hilfsvereins ist darum mit Recht auch der Vorsitzende des neuen Verbandes geworden.

Aber auch im eigenen Vaterlande hat der Verein nach der Einführung eines neuen Wohlfahrtsgesetzes nicht seine Bedeutung verloren, sondern alte Aufgaben wieder aufnehmen und neue hinzunehmen müssen. Die Außenfürsorge soll nun in stärkerem Maße als bisher getrieben werden. Die an dieser Wohlfahrtspflege beteiligten Ministerien und die hierfür geschaffenen Organisationen wollen dafür gern die schon vorhandenen Einrichtungen des Hilfsvereins mit in Anspruch nehmen. Der Hilfsverein ist bereit dazu. Er wird neben den Unterstützungen, die auch weiterhin für seine Pfleglinge nötig sein werden, durch seine Ausschußmitglieder und Vertrauensleute die außerhalb der Anstalten befindlichen Geisteskranken und ihre Familien beraten und dadurch die staatliche Fürsorge ergänzen und vertiefen. Auch die Aufklärung über Geisteskrankheit und ihre Folgen wird nach wie vor seine besondere Aufgabe sein.

Der Vorstand besteht aus dem Vorsitzenden, Geh. Medizinalrat Dr. *Ackermann*, bis 30. Juni 1929 Direktor der Anstalt Großschweidnitz, jetzt wohnhaft in Dresden A. 6, aus dem Schriftführer, Pfarrer *Wehrmann*, Rektor des staatlichen Schwesternhauses in Arnsdorf, und dem Kassierer, R.-Medizinalrat Dr. *Berlit* in Leipzig-Dösen Die Zahl der Ausschußmitglieder beträgt 32, die Zahl der Vereinsmitglieder läßt sich nicht ganz genau feststellen, wird aber gegen 2000 betragen, die Einnahmen im Jahre 1927 beliefen sich auf über 7000 Mark, die Ausgaben betrugen rund 4000 Mark.

So kann der Verein in diesem Jahre freudig und zuversichtlich seinen 30. Geburtstag begehen: er hat sich noch nicht überaltert, so reich wie seine Vergangenheit an tatkräftiger Fürsorge für die Ärmsten unter den Kranken war, so reich wird auch seine Zukunft an neuen Aufgaben sein. Mögen alle seine Mitglieder mit neuer Kraft daran mitarbeiten!

Dr. Dabelstein

Der Unterstützungsverein für Geisteskranke in der Provinz Schleswig-Holstein.

Von

Landesoberinspektor **Klinker**.

Der Verein wurde am 1. Oktober 1920 gegründet zur Feier des hundertjährigen Bestehens der Landes Heil- und Pflegeanstalt in Schleswig (Stadtfeld). Der Gründer ist Direktor Sanitätsrat Dr. *Dabelstein*. An den Arbeiten haben sich insbesondere beteiligt Oberarzt Dr. *Ostmann* und Landesoberinspektor *Klinker*. Der Verein ist in das Vereinsregister gerichtlich eingetragen und hat seinen Sitz in Schleswig. Er hat nach § 1 seiner Satzungen den Zweck, das Verständnis und das Interesse für die Geisteskranken zu wecken und zu fördern, besonders aber Geisteskranken und von Geisteskrankheit Genesenen, hauptsächlich aus öffentlichen oder privaten Heil- und Pflege-Anstalten entlassenen Armen und Hilfsbedürftigen, zu helfen; ferner die in Not geratenen Familien Geisteskranker zu unterstützen, soweit die Mittel des Vereins nach Erfüllung des erwähnten Hauptzwecks ausreichen.

Die Leitung des Vereins geschieht durch den Vorstand und durch den Ausschuß. Der Vorstand, bestehend aus dem Direktor der oben erwähnten Anstalt nebst zwei leitenden Verwaltungsbeamten, besorgt die Geschäftsführung; dem Ausschuß liegt die Beratung aller Vereinsangelegenheiten, die Prüfung der Geschäftsführung sowie die Aufstellung des jährlichen Haushaltsplans ob. Der Ausschuß besteht aus

dem Landeshauptmann der Provinz Schleswig-Holstein,
dem Dezernenten für die Landes-Heil- und Pflegeanstalten bei der Provinzialverwaltung,
den Direktoren der Landes Heil- und Pflegeanstalten der Provinz Schleswig-Holstein,
dem Bischof für Schleswig,
einem Beauftragten des Regierungspräsidenten
und aus zwei von der Hauptversammlung auf 3 Jahre zu wählenden Beisitzern.

Mindestens einmal im Jahr findet eine Ausschuß-Sitzung statt. Mitglied können alle Männer und Frauen sowie Körperschaften werden. Alle drei Jahre muß eine ordentliche Mitgliederversammlung einberufen werden, auf welcher die Wahl der Beisitzer sowie der Rechnungsprüfer erfolgt und allgemeine Richtlinien für die Geschäftsführung zur Beratung kommen.

Die Provinzialverwaltung stiftete bei der Gründung 30 000.— Mk. Durch Haussammlungen, Veranstaltungen von Konzerten und eines Bazars, durch Verkauf von Postkarten, Zuwendungen von Wohlfahrtseinrichtungen, ferner durch Mitgliederbeiträge und Spenden von Schleswig-Holsteinern aus Amerika wurde gleich im ersten Jahr ein erhebliches Vermögen angesammelt. Die Provinzial-Verwaltung unterstützte den Verein auch noch dadurch, daß das Vermögen einer Patientin im Betrage von 50 000 Mk. übernommen werden durfte gegen die Verpflichtung ihres Unterhalts bis zum Lebensende. Die Heil- und Pflegeanstalt in Neustadt und diejenige für Jugendliche in Schleswig beteiligten sich in hervorragender Weise an der Geldbeschaffung. Leider ging das große hoffnungsvolle Vermögen durch die Inflation verloren.

Die Vereinstätigkeit bestand neben der Geldbeschaffung zunächst darin, möglichst in allen Teilen der Provinz Mitglieder und Vertrauensleute zu werben. Durch die Presse wurde in ganz Schleswig-Holstein für den Vereinsgedanken geworben. Die Kreis-Wohlfahrtsämter, die Geistlichen und Lehrer haben hilfsbereit mitgewirkt. Als die Organisation ihrer Vollendung entgegenging, kam der große Währungsverfall, und die Weiterarbeit mußte in Ermangelung der erforderlichen Mittel leider eingestellt werden.

Nach der Stabilisierung der Mark begann der Verein sofort aufs neue die Ansammlung eines Fonds. Wiederum schenkte die Provinzial-Verwaltung 3 000.— RM. Durch die Aufwertung, durch Mitgliederbeiträge, Personal-Strafgelder und sonstige Zuwendungen hat der Verein trotz der hindernden schlechten Wirtschaftslage inzwischen wieder ein kleines Vermögen zusammengebracht, das immerhin so groß ist, daß sich darauf aufbauen läßt. Am 31. Dezember 1929 waren 13 942,82 RM. vorhanden.

Der Hilfsverein für Geisteskranke im Saargebiet.

Von

Direktor Dr. **Ennen**, Merzig.

Nachdem im November 1922 die Heil- und Pflegeanstalt Merzig in die Verwaltung und Nutznießung der Regierungs-Kommission des Saargebietes übergegangen war, war die Tätigkeit des Hilfsvereins für Geisteskranke in der Rheinprovinz zunächst eingestellt worden.

Im Einvernehmen mit der Abteilung Volkswohlfahrt der Regierungskommission wurde im Laufe des Jahres 1925 mit der Vorbereitung zur Gründung eines Hilfsvereins für das Saargebiet begonnen. Die Gründung fand in einer Versammlung vom 21. Februar 1926 statt.

Die Organisation ist dieselbe wie die des Hilfsvereins der Rheinprovinz. Der Vorstand besteht aus dem Direktor, den beiden dienstältesten Ärzten und dem Verwaltungsoberamtmann der Anstalt Merzig; der Ausschuß aus 14—18 Mitgliedern, unter denen sich das saarländische Mitglied der Regierungskommission des Saargebietes, Herr *Kossmann*, sowie Vertreter der Kreisärzte, des Karitas-Verbandes und der Evangelischen inneren Mission befinden.

Bei der Gewährung von Unterstützungen wird besonderer Wert auf die Mitwirkung der Vertrauensperson und der karitativen Verbände gelegt. An 51 Orten sind im ganzen 69 Vertrauenspersonen gewonnen worden. Nachdem in diesem Jahre die offene Fürsorge im Saargebiet eingeführt worden ist, sind auch die Fürsorgeärzte der Anstalt Merzig und der psychiatrischen Abteilung des Landeskrankenhauses in Homburg in den Ausschuß gewählt worden. Da die offene Fürsorge mit den Wohlfahrtsämtern arbeitet, ist also auch eine Verbindung zwischen Hilfsverein, offener Fürsorge und Wohlfahrtsämtern hergestellt.

Die Finanzlage des Hilfsvereins ist gut. Im Jahre 1927 erhielt der Verein eine einmalige Zuwendung von 2000 M. vom

Hilfsverein der Rheinprovinz. Die Regierungs-Kommission des Saargebiets hat dem Verein in den letzten 3 Jahren aus dem durch Verkauf von Wohlfahrtsbriefmarken erzielten Erlös Beträge von jeweils 20000, 7500 und 10000 Franken überwiesen. Von Städten und Gemeinden wurden im Jahre 1929 über 5000 Franken, durch Sammlungen der Vertrauenspersonen über 2000 Franken aufgebracht. Für Unterstützungen wurden im letzten Jahre über 14000 Franken ausgegeben.

Im ganzen sind seit der Gründung über 47000 Franken für Unterstützungen verwendet worden.

Die Besprechungen der Vertreter der Hilfsvereine und der offenen Fürsorge und der Verband Deutscher Hilfsvereine für Geisteskranke.

Von

Geh. Medizinalrat Dr. **Ackermann**, Dresden.

I. Die erste Besprechung der Vertreter der Hilfsvereine nach dem Krieg fand anläßlich der Jahresversammlung des Deutschen Vereins für Psychiatrie in Dresden am 25. April 1921 statt. Bei der Beratung, die von 14 Teilnehmern besucht war, berichtete *M. Fischer*-Wiesloch auf Grund einer Erhebung vor dem Krieg über den Stand der Hilfsvereinssache in Deutschland. *Peretti*-Grafenberg und *Schneider*-Goddelau bezeichneten auf Grund ihrer Erfahrungen die Aussichten für eine neue Werbetätigkeit als günstig, und *Hermkes*-Eickelborn erwähnte die Einrichtung psychiatrischer Fürsorgestellen im rheinisch-westfälischen Gebiet. Man kam überein, daß die Hilfsvereine unter sich die Fühlung aufnehmen und die Entwicklung der kommunalen Fürsorge im Auge behalten sollen. (Psych.-Neur. Woch. Jg. 1921/22 Nr. 15/16, S. 100).

In der Folgezeit schlossen sich die Besprechungen stets den Jahresversammlungen des Deutschen Vereins für Psychiatrie an. Am 22. September 1922 tagte man gelegentlich der 100 Jahrfeier der Gesellschaft Deutscher Naturforscher und Ärzte in Leipzig. Im Mittelpunkt der Besprechung, zu der 18 Teilnehmer erschienen waren, stand ein Bericht *Kolbs* über die von der Erlanger Anstalt aus in Mittelfranken speziell in Nürnberg eingerichtete Fürsorge, in dem er Organisation und Ergebnisse dieser neuen Fürsorgeform darstellte und ein Zusammengehen mit den Hilfsvereinen empfahl. Im Anschluß berichtete *Roemer*-Karlsruhe über die in Baden geplante Einrichtung einer Fürsorgestelle in Mannheim von der Anstalt Wiesloch aus nach dem Erlanger Muster und *Schwabe*-Plauen über die im Anschluß an seine Fachabteilung im städtischen Krankenhaus eingerichtete psychiatrische Beratungsstelle. *M. Fischer*-Wiesloch gab einen Überblick über den

Badischen Hilfsverein, die Aufklärungsarbeit der Anstalt Wiesloch und die bei dieser Anstalt eingerichtete Beratungsstelle. *Schulte*-Niedermarsberg schilderte den Marsberger St. Johannesverein und seine Aufgaben einschließlich der Anstaltsfürsorge für Schwachsinnige sowie die im rheinisch-westfälischen Industriegebiet von den Kommunen geschaffenen Fürsorgestellen für Geisteskranke. *Falkenberg*-Herzberge gab ein eingehendes Bild von der s. Zt. von *Möli* gegründeten Beiratsstelle für Nerven- und Gemütskranke der Stadt Berlin, während *Werner*-Heppenheim über die wieder aufgenommene Tätigkeit des Hessischen Hilfsvereins, *Klüber*-Klingenmünster über seine Erfahrungen in Erlangen-Nürnberg und *Ackermann*-Großschweidnitz über die im Freistaat Sachsen geleistete Aufklärungsarbeit sprachen. (Psych.-Neurol. Woch. Jg. 1922/23 Nr. 41/42 und 43/44 S. 272 ff. und 282 ff.).

Am 25. September 1924 trafen sich 13 Vertreter der Hilfsvereine und der offenen Fürsorge in Innsbruck anläßlich der Naturforscher und Ärzteversammlung. Zunächst beleuchtete *Ackermann*-Großschweidnitz das Verhältnis des Hilfsvereins zur Wohlfahrtsgesetzgebung in Sachsen. Hierauf wurde der Bericht *M. Fischers*-Wiesloch über die ersten 2 Jahre der Wieslocher Fürsorgestelle in Mannheim verlesen, der ihre Arbeitsweise und bisherigen Leistungen schilderte und von *Roemer*-Karlsruhe durch ärztliche und organisatorische Gesichtspunkte ergänzt wurde. *Werner*-Heppenheim erwähnte die Erfolge des Hessischen Hilfsvereins, der mit Hilfe von Vertrauensmännern neue Mittel ansammeln und verteilen kann. *Dinter*-Brieg berichtete über die Entlassenen-Fürsorge in Niederschlesien, die von den Anstalten mit den vom Landeshauptmann genehmigten Geldmitteln im Benehmen mit den Kreiswohlfahrtsämtern und dem Hilfsverein durchgeführt wird. *Dietz*-Alzey betonte die günstigen Erfahrungen, die er mit einem erleichterten Aufnahmeverfahren machen konnte. *Schwabe*-Plauen empfahl für ländliche Bezirke die Beiziehung der Bezirks-Pflegerinnen, dagegen für die größeren Städte psychiatrisches Fürsorgepersonal. (Psych.-Neurol. Woch. Jg. 28, Nr. 1/2, S. 1 ff.).

Die Besprechung in Cassel am 2. September 1925 vereinigte 13 Vertreter. Im Mittelpunkt der Verhandlungen stand die Einrichtung der offenen Fürsorge in ländlichen Bezirken. Zunächst erstattete *Roemer*-Karlsruhe einen Bericht über Vorbereitung, Organisation und Technik der von der Anstalt aus betriebenen offenen Fürsorge auf dem Lande, wobei er die Beziehung zur Familienpflege streifte. Darauf sprach *M. Fischer*-Wiesloch über seine günstigen Erfahrungen mit der an seiner Anstalt für die ländliche Umgebung eingerichteten Fürsorgestelle, ferner *Thumm*-Konstanz über seine den ganzen Bodenseekreis umfassende Fürsorge, die sich in jeder Beziehung bewährt. *Rizor*, der Medizinalreferent der Provinz Hannover, gab die bevorstehende Einrichtung einer Fürsorge im Sinne *Kolbs* bekannt. *Noebel* brachte den Bericht des Fürsorgearztes der Anstalt Untergöltzsch, Dr. *Kell*, zur Kenntnis, in dem die besonderen Bedürfnisse der ländlichen Fürsorge geschildert wurden. *Kolb*-Erlangen und *Faltlhauser*, der Fürsorgearzt der Erlanger Anstalt, erwähnten die Ausdehnung der mittelfränkischen Fürsorge auf die ländlichen Bezirke und ihre Erfahrungen mit dem System der sogenannten »Teilzentren«. Schließlich gab *Zinn*-Eberswalde ein instruktives Bild von der Familienpflege, die in der Provinz Brandenburg bis zum Kriegsbeginn 600 Personen umfaßte und 1914 durch eine Beratungsstelle für die freilebenden Geisteskranken ergänzt werden sollte. Nach der Unterbrechung durch den Krieg gelang es, die Familienpflege wieder aufzubauen. (Psych.-Neurol. Woch. Jg. 1926 Nr. 1 u. 2, S. 1 ff., 13 ff.)

Die nächste Vertreterversammlung fand in Düsseldorf am 22. September 1926 anläßlich der Naturforscher- und Ärzteversammlung und der Gesolei statt. Die Zahl der Teilnehmer betrug 32. Nachdem *Ackermann*-Großschweidnitz die Forderung, die Tätigkeit der Hilfsvereine als Bestandteil der freien Wohlfahrtspflege anzuerkennen, begründet hatte, erstattete *Roemer*-Karlsruhe den Bericht über »die offene Fürsorge für Geisteskranke und die psychiatrische Aufklärungsarbeit«: er schilderte die wichtigen Wechselbeziehungen zwischen Fürsorge und Aufklärungsarbeit, gab einen Überblick über die Technik der Aufklärung und schloß mit einem Appell an den ärztlichen Stand, durch aktive Betätigung sich in der Öffentlichkeit die ihm gebührende Stellung zu erringen. (Ausführliche Darstellung *Roemer, Kolb, Faltlhauser*, »Die offene Fürsorge in der Psychiatrie und ihren Grenzgebieten« S. 362 ff.). In der lebhaften Erörterung verwies *Kolb* auf die entsprechenden Erfahrungen in Nordamerika, erwähnte *Thumm* seine einschlägigen Erfahrungen unter besonderer Erwähnung der Orientierung der Presse und der Verwendung der Lichtbilderreihen, betonte *Faltlhauser* die Schwierigkeiten der Aufklärung namentlich hinsichtlich der Eheberatung und erwähnte *Klüber* die guten Erfolge, die in der Pfalz mit Aufklärungsvorträgen und Gewinnung von Vertrauensleuten gemacht wurden. Schließlich berichtete *Pameyer*-Maasoord über die nach Erlanger Muster in Rotterdam eingeführte offene Fürsorge und den seit kurzem in Holland bestehenden Hilfsverein für Geisteskranke, der sich an der nachgehenden Fürsorge zu beteiligen beginnt. Auch *Mercklin* und *Falkenberg* betonten die Notwendigkeit der Aufklärungsarbeit (Psych.-Neur. Woch. Jg. 1927 Nr. 4 S. 61 ff.).

Am 12. September 1927 tagten in Wien 52 Vertreter der Hilfsvereine und der offenen Fürsorge. *M. Fischer*, der am Erscheinen verhindert war, hatte einen Vortrag »Hilfsvereine für Geisteskranke und offene psychiatrische Fürsorge« eingeschickt, der in der Zeitschrift f. psych. Hyg. Bd. I, H. 2, S. 52 wiedergegeben ist. *Roemer*-Karlsruhe erstattete ein Referat über die Tätigkeit der Hilfsvereine für Geisteskranke und die internationale Bewegung für geistige Hygiene, in dem er auf die gemeinsamen Züge der beiden Arbeitsrichtungen gemeinnützig-freiwilligen Charakters hinwies, die Verankerung der Hilfsvereinstätigkeit im neuen Reichsfürsorgerecht betonte und die Bedeutung der neuen internationalen Bewegung für die Bekämpfung der allgemeinen Vorurteile hervorhob. (Z. f. ps. Hyg. Bd. 1, Heft 1, S. 16 ff.) *Sommer*-Gießen unterstrich die Bedeutung der Hilfsvereine für die Verbreitung der psychischen Hygiene in der Bevölkerung und *Dannemann*-Heppenheim zeichnete die Entwicklung und die neuesten Leistungen des hessischen Hilfsvereins. *Dreikurs* besprach die Wiener Fürsorge für Lebensmüde, *Klüber*-Klingenmünster den Nürnberg-Fürther Verein für Pflegeversicherung der Geisteskranken, *Berze*-Wien die Entwicklung der offenen Fürsorge in Wien, *Groß*-Emmendingen die Mitwirkung der Vertrauensleute der Hilfsvereine bei der offenen Fürsorge, *Simon*-Gütersloh die enge Verbindung der aktiveren Behandlung (Arbeitstherapie) mit der Entlassung und der Entlassenen-Fürsorge, *Neißer*-Bunzlau das enge Verhältnis des Hilfsvereins zur Entlassenen-Fürsorge in Schlesien und *Starlinger*-Linz die Fürsorgeeinrichtungen der nieder-österreichischen Heil- und Pflegeanstalt Mauer-Öhling, durch die die psychische Hygiene ins Volk getragen wird. Über die engen Beziehungen zwischen offener Fürsorge und Hilfsvereinsarbeit äußerten sich *Faltlhauser*-Erlangen, *Herting*-Grafenberg, *Recktenwald*-Andernach, *Herzog*-Wiesloch, *Zinn*-Eberswalde, *Dietz*-Alzey, *Räther*-Bonn und *Chotzen*-Breslau. Hierbei ergab sich, daß sich das Zusammenarbeiten bei beiderseitigem guten Willen in den verschiedenen Gegenden Deutschlands übereinstimmend als möglich und vorteilhaft erwiesen hat. (Z. f. psych. Hyg. Bd. I, H. 10, S. 21 ff.)

Die nächste Besprechung vereinigte in Bad Kissingen 53 Vertreter am 23. 4. 1928. Über die Technik der Aufklärungsarbeit der Hilfsvereine unter besonderer Berücksichtigung des Lichtbildes berichteten *Herting*-Grafenberg und *Vogel*, Direktor am Hygienemuseum Dresden. *Herting* schilderte die Methodik der Vereinsgründung, der Vereinspropaganda und der Aufklärungsarbeit, erwähnte die verschiedenen Möglichkeiten, durch das geschriebene und gesprochene Wort, durch Lichtbilder, Kino, Rundfunk und Anstaltsführungen psychiatrische Aufklärung zu verbreiten und schlug einen Wettbewerb für besondere Flugblätter vor. (Vgl. Z. f. Psych. Hyg. Bd. II, H. 4, S. 97 ff.)

Vogel-Dresden machte die Versammlung mit den bestehenden Organisationen, besonders dem Reichsausschuß und den Landesausschüssen für hygienische Volksbelehrung sowie den Bestrebungen des Deutschen Hygienemuseums in Dresden bekannt; an Hand von Lichtbildern teilte er Näheres mit über die Internationale Hygiene-Ausstellung 1930, in der eine besondere Gruppe »Seelenleben und seelische Hygiene« vorgesehen ist; zugleich verwies er auf die im Benehmen mit dem Reichsverband beamteter deutscher Psychiater hergestellten Lichtbilderserien des Hygienemuseums. (Vgl. Z. f. ps. Hyg. Bd. I, Heft 5, S. 140 ff.) Bei der Erörterung berichteten *Dannenberger*-Goddelau und *Schmeel*-Heppenheim über die Leistungen des hessischen Hilfsvereins, die namentlich den Vertrauensmännern verdankt werden. *Kolb*-Erlangen sprach über die neuzeitlichen Aufgaben der Hilfsvereine, *M. Fischer*-Berlin über seine günstigen Erfahrungen mit der Gewinnung von Vertrauensleuten und mit Anstaltsführungen; schließlich betonte *Roemer*-Karlsruhe die Wichtigkeit der Hilfsmittel des Deutschen Hygienemuseums in Dresden, der Eingliederung in die allgemeine hygienische Volksbelehrung und der Beeinflussung der Presse. Anschließend erstattete er einen Bericht über die Ziele und Tätigkeit des Deutschen Verbandes für psychische Hygiene und empfahl den Verband dem Interesse der Hilfsvereine. (Z. f. ps. Hyg. Bd. I, H. 4, S. 121.)

Bei der letzten Vertreterversammlung in Danzig am 22. Mai 1929 trafen sich 51 Teilnehmer. Den Gegenstand der Verhandlungen bildete das Thema »Die Bedeutung der offenen Geisteskrankenfürsorge für die psychiatrische Aufklärung«, über das Landesmedizinalrat Dr. *Wiehl*-Düsseldorf und Landesrat Dr. *Bessel*-Königsberg Berichte erstatteten. (Die Referate sind in der Zeitschr. f. ps. Hyg. 2. Bd., 3. H., S. 99 ff. bzw. S. 109 ff. im Wortlaut wiedergegeben.) Die Darlegungen, die sich teils auf die offene Fürsorge in Ostpreußen, teils auf die in der Rheinprovinz bezogen, zeigten in bemerkenswerter Übereinstimmung die Bedeutung der neuen Fürsorgeform für die Verbreitung psychiatrischer Aufklärung in der Bevölkerung; besonders beachtlich war das große Verständnis und die hohe Anerkennung, die der psychiatrische Dezernent der Provinz Ostpreußen für die entsagungsreiche Arbeit der Fürsorgeärzte bekundete. In der lebhaften Erörterung verbreitete sich *Schmidt*-Lengerich über die Verhältnisse der Fürsorgeärzte zu den Kreisärzten, *Jahrmärker*-Marburg über die Haftpflichtversicherung für die Fürsorgeorgane, *Kolb*-Erlangen über den gegenwärtigen Stand der Erlanger Fürsorge und die Notwendigkeit für die Verwaltungen, die Verantwortungsfreudigkeit der Fürsorgeärzte zu fördern, *Raether*-Bonn über die erforderliche Abgrenzung gegenüber der freipraktizierenden Ärzteschaft, *Klüber*-Klingenmünster über die Bedürfnisse nach einer zeitgemäßen Irrengesetzgebung, *Zinn*-Eberswalde über die Beziehungen der Fürsorge zu den Kreisärzten, *Rizor*-Hannover über die Einbeziehung der freilebenden

Geisteskranken in die Außenfürsorge in Hannover, *Dietrich*-Andernach über die Mitwirkung der praktischen Ärzte bei der Fürsorge in der Eifel. Anschließend berichtete *Werner*-Heppenheim über die Eingliederung des hessischen Hilfsvereins in den hessischen Landesausschuß für hygienische Volksbelehrung und zugleich in die Gemeinschaft der hessischen sozial-hygienischen Wanderausstellung. (Z. f. ps. Hyg. Bd. II, H. 4, S. 118 ff.)

Zusammenfassend ist zu sagen:

Die Leistungen der Hilfsvereine und die Besprechungen ihrer Vertreter haben durch die Einführung und den Ausbau der offenen Fürsorge für Geisteskranke nach dem System *Kolbs* eine außerordentliche Belebung erfahren. Dies zeigt sich rein äußerlich darin, daß die Zahl der Teilnehmer an den Besprechungen, die teils die Hilfsvereine, teils die offene Fürsorge vertraten, in den letzten Jahren stark angewachsen ist. Der Austausch der Erfahrungen nimmt jetzt in der Regel den Vormittag des Vortages der Jahresversammlung des Deutschen Vereins für Psychiatrie in Anspruch, wickelt sich meistens im Anschluß an einleitende Referate ab und findet neuerdings auch das tätige Interesse der psychiatrischen Dezernenten der preußischen Provinzen.

II. Bei dieser Entwicklung lag es nahe, auf den Plan der Vorkriegszeit zurückzukommen und einen Zusammenschluß der Hilfsvereine herbeizuführen. Der Verfasser, der die Besprechungen vorzubereiten und einzuberufen pflegte, stellte bei der Versammlung in Düsseldorf am 22. September 1926, bei der erstmals über 30 Teilnehmer erschienen waren, den förmlichen Antrag auf einen solchen Zusammenschluß und fand die einmütige Zustimmung der Versammlung. *Ackermann*-Großschweidnitz, *Herting*-Düsseldorf-Grafenberg und *Roemer*-Karlsruhe wurden mit der Ausarbeitung einer Satzung für den »Verband Deutscher Hilfsvereine für Geisteskranke« beauftragt, dessen Zweck die gegenseitige Anregung, die Förderung der Hilfsvereine untereinander sowie die tatkräftige Vertretung den Behörden der Länder und des Reiches gegenüber sein soll.

Die vorgeschlagenen Satzungen wurden dann in der im Anhang abgedruckten Form bei der Besprechung in Wien am 12. September 1927 angenommen. Zum Vorsitzenden wurde *Ackermann*, zum 1. und 2. Stellvertreter *Fischer* und *Herting* und zum Geschäftsführer *Roemer* gewählt.

Der Vorstand hat vor allem die Aufgabe, die alljährliche Besprechung vorzubereiten und einzuberufen. Er soll die Geschäfte in möglichst einfacher Form erledigen; von der Einrichtung einer gemeinsamen Kasse wurde vorerst Abstand genommen und beschlossen, etwa entstehende Unkosten auf die angeschlossenen Hilfsvereine umzulegen. Zur Erledigung der geschäftlichen Angelegenheiten ruft der Vorstand nach Bedarf die Mitgliederversammlung ein, die allen Interessenten der Hilfsvereine und der offenen Fürsorge zugänglich ist. In der Geschäftssitzung in Bad Kissingen am 23. April 1928 wurde festgestellt, daß dem Verband 11 Hilfsvereine beigetreten sind. Die Zeitschrift für psychische Hygiene wurde zum Organ des Verbandes bestimmt und der Bezug der Zeitschrift den Hilfsvereinen für seine Mitglieder, insbesondere seine Vorstands- und Ausschußmitglieder empfohlen. Außerdem wurden den angeschlossenen Hilfsvereinen der korporative Beitritt zum Deutschen Verband für psychische Hygiene (korporativer Mitgliedsbeitrag M. 20.— pro Jahr) nahegelegt. Jeder beigetretene Hilfsverein hat dann die Möglichkeit, die Zeitschrift zum Vorzugspreis von RM. 3.— zu beziehen. Endlich wurde die Herausgabe des vorliegenden gemeinsamen Berichtes, die schon in Wien vorgeschlagen war, endgültig beschlossen.

Der Verband hatte auf Anfrage seinen Vorsitzenden als Vertreter beim Deutschen Verband für psychische Hygiene benannt, dessen Ziele im Sinne der internationalen Bewegung für die »Mental Hygiene« durchaus in der Richtung der Hilfsvereinsarbeit liegen, besonders bezüglich des Ausbaus der freien Fürsorgeformen, der psychiatrischen Aufklärung und der vorbeugenden Bekämpfung der Geisteskrankheiten. Der Vorsitzende *Ackermann* wurde bei der konstituierenden Mitgliederversammlung des Deutschen Verbandes f. ps. Hyg. am 19. September 1928 in Hamburg in den Ausschuß dieses Verbandes gewählt. Der Hilfsvereins-Verband war bei der Ersten Deutschen Tagung für psychische Hygiene in Hamburg am 20. September 1928 durch *Dannemann*-Heppenheim vertreten, der einen Bericht über Hilfsvereine für Geisteskranke erstattete und eine Entschließung vorschlug, die einstimmig angenommen wurde. Sie lautete:

1. Der Deutsche Verband für psychische Hygiene spricht sich nach Anhören eines Berichtes über das Irrenhilfsvereinswesen auf seiner ersten Tagung in Hamburg dahin aus, daß die Organisation einer ausgedehnteren charitativen Fürsorge für Geisteskranke und an psychischen Defekten aller Art Leidende in der Form von Hilfsvereinen allen in der Psychiatrie tätigen Ärzten sowohl aus allgemeinen Gründen der Humanität als auch besonders zur Förderung der psychischen Hygiene und zum Zwecke der Verbreitung besserer Anschauungen über Geisteskranke, Irrenanstalten und Irrenärzte in unserem Volke auf das dringendste zu empfehlen ist.

2. Hilfsvereine sind ein immer wertvoller werdendes Werkzeug der Fürsorge für psychische Defekte aller Art, eine unentbehrliche Ergänzung des staatlichen öffentlichen Irrenwesens, das, wo auch immer es sein mag, ihren Willen zur Beihilfe auf diesem Gebiete anerkennen und unterstützen sollte.

3. Es ist daher zu wünschen, daß nach dem Zusammenschluß der älteren H.-V. an möglichst vielen Stellen im Vaterlande sich neue bilden und vornehmlich dem Aufklärungswerke sich widmen möchten mit dem gleichen

Eifer, der die Gründer jener bei der Inangriffnahme ihrer Arbeit beseelte. (Vgl. Z. f. ps. H. Band 1, Heft 5 und Bericht über die Erste Deutsche Tagung für psychische Hygiene in Hamburg S. 41).

Der Verband für psychische Hygiene wird Deutschland bei dem Ersten Internationalen Kongreß für geistige Hygiene, der vom 5.—10. Mai in Washington stattfindet, vertreten und sich hierbei an der Gründung des Internationalen Auschusses für geistige Hygiene beteiligen, der sich unter anderem die Beseitigung der bekannten Vorurteile gegen die Geisteskranken und die Geisteskrankenfürsorge zur dauernden Aufgabe machen wird.

Mit der Gründung des Verbandes Deutscher Hilfsvereine für Geisteskranke ist ein alter Wunsch in Erfüllung gegangen und es steht zu hoffen, daß hiedurch die Tätigkeit innerhalb der angeschlossenen Vereine belebt, die Erneuerung ruhender Vereine in die Wege geleitet und die Gründung neuer Vereine angeregt werden möge.

Dem Verband der Deutschen Hilfsvereine gehören heute an:

1. Der Hilfsverein für Geisteskranke in Baden,
2. „ St. Johannesverein zur allgemeinen Irrenfürsorge von Westfalen,
3. „ Brandenburgische Hilfsverein zu Eberswalde,
4. „ Hilfsverein für Geisteskranke in Hessen,
5. „ Niederschlesische Hilfsverein,
6. „ Oberschlesische Hilfsverein,
7. „ Hilfsverein für Geisteskranke in der Rheinprovinz,
8. „ Hilfsverein für Geisteskranke in Sachsen-Meinungen,
9. „ Hilfsverein für entlassene Geisteskranke in Württemberg,
10. „ Hilfsverein für Geisteskranke im Freistaat Sachsen,
11. „ Unterstützungsverein für Geisteskranke in der Provinz Schleswig-Holstein,
12. „ Pfälzische Hilfsverein für Geisteskranke,
13. „ Hilfsverein für Geisteskranke im Saargebiet.

Schlußwort

Von

Direktor Dr. **H. Roemer**, Illenau

Überblickt man die Geschichte des deutschen Hilfsvereinswesens, so zeigt sich ein wechselvolles Bild. Der Leitgedanke der freiwilligen Liebestätigkeit zugunsten der Geisteskranken außerhalb der Heilanstalten reicht nachweisbar auf die Zeit vor 100 Jahren zurück. Die praktische Verwirklichung dieser Hilfsbereitschaft durch Gründung privater Vereine hat nach 1870/71 eingesetzt und bis etwa 1890 fortgedauert. In den folgenden 25 Jahren erfreuten sich die Hilfsvereine eines erfolgreichen Wachsens und Gedeihens. Während des Weltkrieges lag ihre Tätigkeit, wie die meisten anderen charitativen Bestrebungen darnieder. Seit 1921 kündigt sich jedoch ein neuer Aufschwung an, der durch die zunehmende Belebung bestehender, die Wiedererweckung ruhender und die Schaffung neuer Hilfsvereine gekennzeichnet ist.

Die Erfolge der Hilsvereine waren, wie aus den Darstellungen *Herting*s und *Fischer*s zu ersehen ist, von jeher in weitem Umfange an das Wirken starker Persönlichkeiten gebunden, die von den Heilanstalten aus für den Hilfsvereinsgedanken geworben haben. Die neuerliche Aufwärtsbewegung wird außerdem durch gewisse Momente der gegenwärtigen Lage begünstigt. Im Bereich des Irrenwesens kommen die heute im Vordergrund stehenden Behandlungsweisen: die aktivere Beschäftigungsbehandlung nach *Simon*, die Frühentlassung, die wiederaufgenommene Familienpflege und die allgemein Eingang findende offene Fürsorge im Sinne *Kolb*s der freiwilligen Hilfstätigkeit ohne Zweifel entgegen. Ferner hat die seit Kriegsende einsetzende Ausgestaltung des öffentlichen Fürsorgewesens die Einschätzung aller gemeinnützigen Bestrebungen privater Natur in der öffentlichen Meinung wesentlich gehoben.

Wenn dem gegenüber mitunter behauptet wurde, im neuen Wohlfahrtsstaate sei für die freie Wohlfahrtspflege weder Raum noch Bedürfnis vorhanden, so sind die Kreise, die einer solchen Auffassung eine Zeitlang gehuldigt haben, durch die Entwicklung eines

Besseren belehrt worden. Die gesetzliche Beiziehung der privaten zu der öffentlichen Wohlfahrtspflege stützt sich ja keineswegs nur auf den geschichtlichen Anspruch der Verbände der freiwilligen Liebestätigkeit, die die Ergänzung des Armenwesens schon lange vor dem Kriege auf sich genommen hatten. Ihre offizielle Anerkennung ist vor allem in dem Grundgedanken der modernen Wohlfahrtspflege verankert, den das neue Reichsfürsorgerecht im Sinne einer aktiven Sozialpädagogik festgelegt hat. Bei der Wiedereingliederung des einzelnen Hilfsbedürftigen in die Gesellschaft soll der Besonderheit seiner persönlichen Eigenart und Lage und gleichermaßen den moralischen und wirtschaftlichen Belangen der Allgemeinheit Rechnung getragen werden. Dieses Ziel, das in der Jugendwohlfahrtspflege und weiterhin in der Strafgesetzgebung und dem Strafvollzug bei Jugendlichen und Erwachsenen durch entsprechende Gesetzeswerke in analoger Weise angestrebt wird, kann die öffentliche Fürsorge aus psychologischen und wirtschaftlichen Gründen nur dann zu verwirklichen hoffen, wenn ihr die tatkräftige Unterstützung der freien Wohlfahrtspflege zuteil wird.

Auf dem Gebiet der psychiatrischen Fürsorge tritt die Notwendigkeit eines solchen Zusammenarbeitenss besonders deutlich hervor. Die Hilfsvereine haben seit ca. 60 Jahren den Gedanken der offenen Betreuung der freilebenden Geisteskranken wachgehalten und so eine geschichtliche Mission erfüllt. Damit ist aber ihre Aufgabe in der Gegenwart keineswegs erschöpft. Für die Durchführung der neuen psychiatrischen Behandlungs- und Fürsorgemethoden erlangt die verständnisvolle Beteiligung der Allgemeinheit entscheidende Bedeutung. Die aktivere Beschäftigungsbehandlung wird ohne den moralischen Rückhalt an einer entsprechend unterrichteten öffentlichen Meinung nicht in den festen Besitz der Anstaltstherapie übergehen und die offene Fürsorge ohne die praktische Mitarbeit weiter Volkskreise nicht zu ihrem Ziel gelangen können. Kurz, die aktive Sozialpädagogik, wie sie das Reichsfürsorgerecht vorschreibt, kann gerade auf dem Gebiet der Geisteskrankenfürsorge die schwierige und umfangreiche Aufgabe einer individualisierenden und nichtbureaukratischen Hilfeleistung erst mit Unterstützung durch eine aufgeklärte und hilfsbereite Volksgemeinschaft lösen.

Die neue Entwicklung ist demnach weit entfernt, die Tätigkeit der Hilfsvereine auszuschalten, sie ist vielmehr, wenn sie sich für den einzelnen Kranken und für die Gesellschaft voll auswirken soll, auf ihre aktive Mitwirkung unmittelbar angewiesen.

Die Leistungen, die demnach von den Hilfsvereinen heute erwartet werden, liegen durchaus in der Richtung ihrer ursprünglichen Ziele. Die der Arbeitstherapie und der offenen Fürsorge zugrunde liegenden wissenschaftlichen Tatsachen waren den klassischen Vertretern des Hilfsvereinsgedankens keineswegs unbekannt. Vielmehr hat gerade das intuitive Wissen von den Grenzen der Anstaltsbehandlung und von der Notwendigkeit, die öffentliche Meinung für die Geisteskrankenfürsorge zu gewinnen, Männer wie *Roller* und *Ludwig* s. Zt. zur Gründung ihrer Hilfsvereine bestimmt. Die Hilfsvereine folgen demnach nur ihren besten Überlieferungen, wenn sie sich in den Dienst der heutigen Entwicklung stellen und die Mitwirkung an der offenen Fürsorge und der psychiatrischen Aufklärung in zeitgemäßer Form aufnehmen.

Es bedarf keiner weiteren Ausführungen, daß die Aufgaben, die sich den Hilfsvereinen bieten, heute noch dringlicher sind, als damals bei ihrer Gründung. Die Unterstützung der öffentlichen Irrenfürsorge durch eine aufgeklärte öffentliche Meinung ist heute im Zeitalter des politischen Parlamentarismus naturgemäß von weit größerer Tragweite als zu jener Zeit, da *Ludwig* mit der Gründung des Hessischen Hilfsvereines die Schaffung eines psychiatrischen „Parlamentes“, das die Bevölkerung mit den Belangen des Irrenwesens vertraut machen sollte, angestrebt hat.

Die Beteiligung der Hilfsvereine an den neuen Bestrebungen ist aber nicht nur dringender, sondern auch dankbarer als früher geworden. Wird ihren Mitgliedern doch heute in ganz anderem Umfange als früher die fachliche Anleitung durch die Anstaltsärzte und die übrigen Fürsorgeorgane der Anstalt für ihre Arbeit zuteil.

Unter diesen Gesichtspunkten ist der neue Aufschwung der Hilfsvereinsarbeit, der in den letzten 10 Jahren zu beobachten ist, außerordentlich zu begrüßen und nachdrücklich zu fördern.

Die von den verschiedenen Vereinen bisher erreichten Erfolge, die aus den vorstehenden Berichten zu ersehen sind, lassen die Richtung, in der sich die Arbeit künftig bewegen wird, deutlich erkennen.

In erster Linie ist die Mitwirkung beim Ausbau der offenen Fürsorge in den ländlichen Bezirken, insbesondere bei der Schaffung eines engmaschigen Netzes von Vertrauenspersonen, die den Fürsorgeorganen der regionären Anstalt in die Hände arbeiten, erforderlich. Die Gewinnung von geeigneten Vertrauensmännern, die von jeher eine Domäne der Hilfsvereine war, ist heute die unumgängliche Voraussetzung für eine wirksame ländliche Fürsorge. Nach den vorliegenden Erfahrungen empfiehlt es sich, die Vertrauenspersonen über Umfang und Grenzen ihrer Hilfstätigkeit an Hand der einzelnen Fürsorgefälle eingehend zu unterrichten. In den Großstädten bieten die Fürsorgestellen den Vereinsmitgliedern reichlich Gelegenheit, die Fürsorgeorgane bei ihrer Tätigkeit durch Vermittlung von Arbeit, von Dienststellen, von Geldmitteln und auch durch persönliche Wahrnehmung der freilebenden Kranken zu unterstützen.

Der zweite Aufgabenkreis besteht in der psychiatrischen Aufklärungsarbeit. Die Belehrung über das Wesen der Geisteskrankheit, die Entwicklung des Irrenwesens, den Betrieb der Heilanstalten und vor allem die individuelle und generative Prophylaxe wird unter Heranziehung aller modernen technischen Hilfsmittel schon jetzt von zahlreichen Vereinen in alle Schichten der Bevölkerung getragen. Besonders wichtig ist der Anschluß der psychiatrischen Aufklärung an die von den Reichs- und Länderbehörden organisierte hygienische Volksbelehrung, durch den der ärztliche Charakter der Geisteskrankenfürsorge der Bevölkerung zum Bewußtsein gebracht wird. Ebenso wie die Eingliederung der psychiatrischen Fürsorge in die übrige Gesundheitsfürsorge, so wird die Einfügung der psychiatrischen in die übrige hygienische Belehrung, die Aufklärung der öffentlichen Meinung maßgebend fördern. In dieser Richtung darf auf die Berichte der rheinischen, hessischen und badischen Vereine hingewiesen werden.

Schließlich ist nicht zu übersehen, daß Fürsorge und Aufklärung im Bereich der praktischen Psychiatrie besonders eng miteinander verbunden sind, und daß der Satz „die Fürsorge ist die Aufklärung durch die Tat, die Aufklärung die Fürsorge durch das Wort" auf unserem Gebiete in besonderem Sinne zutrifft. Es ist der Erlebniswert, welcher der Aufklärung im einzelnen Fürsorgefall besonderes Gewicht verleiht. Unter diesem Gesichtspunkte dürfen von den neuerdings verschiedentlich unternommenen Aufklärungsvorträgen für die Angehörigen von Anstaltskranken ohne Zweifel Fortschritte erwartet werden.

Jeder Hilfsverein wird seine Arbeit naturgemäß den besonderen Verhältnissen seines Bereiches anpassen. Die Aufgabe des Verbandes Deutscher Hilfsvereine wird auch künftig darin bestehen, durch die regelmäßigen Besprechungen den Austausch der Erfahrungen, die gerade durch ihre Mannigfaltigkeit reiche Anregungen geben, herbeizuführen, durch die Belebung der persönlichen Beziehungen an der zeitgemäßen Verwirklichung des Hilfsvereinsgedankens mitzuwirken und so zur Förderung der seelischen Gesundheit, der geistigen Leistungsfähigkeit und der Wohlfahrt unseres Volkes beizutragen.

Satzung
des Verbandes Deutscher Hilfsvereine für Geisteskranke.

§ 1.

Der »Verband Deutscher Hilfsvereine für Geisteskranke« hat den Zweck, die einzelnen Hilfsvereine zur gegenseitigen Förderung, zum Ausbau ihrer Tätigkeit und zur nachhaltigen Vertretung den Behörden gegenüber zusammenzuschließen.

§ 2.

Mitglieder des Verbandes sind die Hilfs- und Unterstützungsvereine für Geisteskranke in Deutschland. Der Beitritt erfolgt durch Anmeldung des Vereinsvorsitzenden beim Vorstand des Verbandes. Die Mitgliedschaft erlischt durch Anzeige des Austritts.

§ 3.

Organe des Vereins sind der Vorstand und die Mitgliederversammlung.

§ 4.

Der Vorstand setzt sich zusammen aus dem Vorsitzenden, dem I. und II. Stellvertreter des Vorsitzenden und dem Schriftführer. Er wird auf die Dauer von drei Jahren von der Mitgliederversammlung gewählt. Der Vorstand führt die Geschäfte des Vereins, bereitet seine Sitzungen und die Mitgliederversammlungen vor und vollzieht die Beschlüsse. Die Vorstandssitzungen finden in der Regel jährlich anläßlich der Mitgliederversammlungen und tunlichst gelegentlich der Jahresversammlung des Deutschen Vereins für Psychiatrie statt. Über die hierbei gefaßten Beschlüsse sind Niederschriften aufzunehmen.

§ 5.

Die Mitgliederversammlung findet in der Regel jährlich gelegentlich der Jahresversammlung des Deutschen Vereins für Psychiatrie statt. Die Einberufung erfolgt durch schriftliche Einladung. Jeder dem Verband angeschlossene Verein ist in der Mitgliederversammlung mit einer Stimme stimmberechtigt. Bei Stimmengleichheit entscheidet die Stimme des Vorsitzenden. Jede einberufene Mitgliederversammlung ist beschlußfähig. Die Beurkundung der Beschlüsse der Mitgliederversammlung erfolgt durch eine Niederschrift, die vom Vorsitzenden und vom Schriftführer zu unterzeichnen ist.

§ 6.

Die durch den Verband etwa entstehenden Kosten werden von den im Verband vertretenen Hilfsvereinen gemeinsam getragen.

§ 7.

Der Verband gilt als aufgelöst, wenn zwei Drittel der Mitglieder dafür stimmen. Ein etwa gesammeltes Vermögen wird im Sinne der Bestrebungen der Hilfsvereine verwendet.

FSC
www.fsc.org
MIX
Papier | Fördert gute Waldnutzung
FSC® C083411

Kolibri 360 GmbH
Ferdinand-Jühlke-Straße 7
99095 Erfurt, Deutschland
produktsicherheit@kolibri360.de